U0743891

创业网络视角下中小农业企业成长研究
——以江西省为例

刘克春 著

浙江工商大學出版社 | 杭州
ZHEJIANG GONGSHANG UNIVERSITY PRESS

图书在版编目(CIP)数据

创业网络视角下中小农业企业成长研究：以江西省为例 / 刘克春著. —杭州：浙江工商大学出版社，2018.12

ISBN 978-7-5178-3074-0

Ⅰ. ①创… Ⅱ. ①刘… Ⅲ. ①中小企业－农业企业－企业绩效－研究－江西 Ⅳ. ①F324

中国版本图书馆 CIP 数据核字(2018)第 279244 号

创业网络视角下中小农业企业成长研究——以江西省为例
CHUANGYE WANGLUO SHIJIAO XIA ZHONGXIAO NONGYE QIYE CHENGZHANG YANJIU——YI JIANGXISHENG WEI LI

刘克春 著

责任编辑	徐 凌　谭娟娟
封面设计	林朦朦
责任印制	包建辉
出版发行	浙江工商大学出版社
	(杭州市教工路 198 号　邮政编码 310012)
	(E-mail:zjgsupress@163.com)
	(网址:http://www.zjgsupress.com)
	电话:0571－88904980,88831806(传真)
排　版	杭州朝曦图文设计有限公司
印　刷	虎彩印艺股份有限公司
开　本	710mm×1000mm　1/16
印　张	12.5
字　数	173 千
版 印 次	2018 年 12 月第 1 版　2018 年 12 月第 1 次印刷
书　号	ISBN 978-7-5178-3074-0
定　价	39.00 元

版权所有　翻印必究　印装差错　负责调换

浙江工商大学出版社营销部邮购电话　0571－88904970

本著作是以下项目的资助成果：

国家自然科学基金项目(71462017)

国家自然科学基金项目(71662015)

江西省高校人文社会科学重点研究基地项目(JD1558)

前　　言

　　中小企业成长一直是学术界研究的一个重要议题。迄今为止,有关企业成长的研究成果可谓汗牛充栋,例如,基于资源与能力的企业成长理论(Penrose,1959)和基于社会资本的成长理论(Burt,1992;Batiargal,2004)等。近十多年来,社会资本和社会网络理论在企业成长研究中得到了广泛的应用,许多学者开始综合运用组织理论、企业资源和能力理论、社会资本和社会网络等理论,从企业内外部视角对企业成长进行理论和实证研究,并取得了丰硕成果。综观已有研究,越来越丰富的企业成长理论已经形成了学术"丛林",但其研究对象主要集中在工商企业领域,有关农业企业成长的研究成果相对较少,并且较少有学者基于企业内外部视角运用社会网络理论实证研究中小农业企业的成长。

　　与一般工商企业相比,农业企业成长有其自身特点。农业企业直接或间接从事农产品经营活动,面临自然风险与市场风险,比较利益低下,获取资源的难度更大,成长也更加缓慢,中小农业企业尤其如此。中小农业企业实力弱小、资源匮乏,急须获取资本、土地和销售渠道等外部资源。因此,如何从创业者社会网络获取资源是中小农业企业成长的关键。创业者必然嵌入在网络中(Brüderl et al.,1998),与运用其他组织理论研究企业成长相比,从创业者的社会网络视角分析小企业成长更具有优势(朱晓霞,2008)。

　　本书从创业者社会网络亦称创业网络的视角出发,运用企业调查数据实证分析企业家社会网络对中小农业企业创业成长绩效的影响及其作用机制。在开展以上研究之前,先采用数量模型实证分析农业上市公司企业绩效以及农业企业家社会网络成员——政府对农业上市公司的财政支持效率,从而为中小农业企业创业成长研究提供宏观视角和研究基础。

改革开放以来,我国已经建立并逐步完善社会主义市场经济体制,市场机制在经济调节活动中占基础地位,如何发挥财政政策调控国民经济运行、促进产业转型升级和持续发展,已经成为当前各级政府面临的重要课题。例如,在市场经济体制下,农业可持续发展、产业发展不平衡和科技创新等问题的解决,都需要政府财政政策予以支持。改革开放至今,中国政府采取积极的财政政策,在农业基础设施建设、支持农业科技创新、农业财政补贴等方面不断增加财政投入,尤其在促进农业企业成长方面,政府制定了许多财政支持政策,这些财政支持对于促进农业企业成长、推动科技进步、提高农业企业尤其是科技企业竞争力,具有极其重要的战略意义和现实意义。尽管财政支持农业企业政策对于促进农业企业成长发挥了重要作用,但是,财政支持农业企业政策在实施过程中也面临一些问题,例如财政支持政策目标众多、重点不突出、税收减免与财政补贴种类繁多、财政支持资金监管不健全、企业对财政资金进行寻租、财政支持企业的政策绩效偏低等。如何提高财政支持农业企业政策绩效,是当前政府相关部门面临的重要课题。

本书在研究相关文献的基础上,基于农业产业链视角,采用比较分析法,首先对财政支持农业企业和农业产业链其他农业关联企业政策状况进行了描述和分析,探讨财政支持政策存在的主要问题。其次,采用约110余家农业上市公司公开财务报表数据,运用C-D函数和DEA模型对财政支持农业企业与农业关联企业的政策绩效进行了评估和比较分析。然后,从理论方面分析了影响财政支持农业企业与其他农业关联企业政策绩效的主要影响因素。最后,本书对该研究的主要结论进行了总结。

为进一步探讨农业企业成长绩效的产生机理,本书在对上述农业关联上市公司绩效进行实证研究的基础上,运用江西省中小农业企业调查数据,采用多元回归以及结构方程(SEM)模型等方法,实证研究企业家社会网络与中小农业企业创业成长绩效关系,主要研究目的在于:(1)认识中小农业企业家社会网络特征及其在不同创业阶段的变化规律;(2)分析社会网络及其在不同企业成长阶段和竞争环境下对企业绩效的影响;(3)揭示社会网络、战略导向对中小农业企业创业成长绩效的影响及其作用机制。

最后,本书在以上实证研究的基础上提出促进中小农业企业成长的相关管理对策和政策建议,为农业企业和政府相关部门制定决策提供参考和借鉴。

本书也存在不足之处,例如,采用农业上市公司财务数据进行实证分析,其结论是否能运用于中小农业企业,有待进一步验证。本书通过对农业上市公司的实证研究发现,农业上市公司绩效整体偏低,这与研究之前对江西省级农业产业化龙头企业绩效研究的结论是一致的,即无论上市农业公司还是中小农业企业,这些农业企业的绩效整体偏低。因此,采用农业上市公司作样本研究农业企业绩效及其财政支持效率,其结论对中小农业企业具有一定的借鉴作用。其次,采用计量经济模型进行实证,模型的拟合优度不高,降低了统计结论效度,尽管如此,模型得到的结论仍然具有一定的解释力。另外,由于作者研究能力的局限性,本书在研究与写作过程中难免出现一些差错,在此恳请专家学者批评指正。

本书在研究和写作过程中得到了福州大学阳光学院钟冬明老师和江西财经大学桑培光硕士的大力帮助,他们为本书的文献研究和实证分析提供了支持,在此我向他们表示真诚的感谢!另外,本书是本人主持的国家自然科学基金项目"企业家社会网络与中小农业企业创业成长绩效关系的实证研究"(编号:71462017)和"绿色创业动机、战略模式及其匹配对农业企业创业绩效影响的实证研究"(编号:71662015)的研究成果,也是江西省高校人文社会科学重点研究基地项目"基于创业网络视角的江西中小农业企业成长研究"（编号：JD1558）的研究成果。感谢江西财经大学产业集群与企业发展研究中心和国家自然科学基金委对本书出版的资助。

刘克春

2018 年 10 月于江西财经大学麦庐园

目　　录

1　导　论

1.1　研究背景

　　企业绩效是企业管理研究中的中心议题,企业成长尤其是中小企业成长是其中的一项重要研究内容,也是学术界研究的一个焦点。迄今为止,有关企业成长的研究成果可谓汗牛充栋,例如,基于资源与能力的企业成长理论(Penrose,1959)和基于社会资本的成长理论(Burt,1992;Batiargal,2004)等。近十年来,企业资源理论和社会资本理论在企业成长研究中得到广泛的应用。尽管已有较多学者运用企业资源理论、社会资本理论或综合内外部有关企业成长理论对企业成长进行理论和实证研究,并取得了丰硕的成果,但这些理论呈现出"丛林"现象,有待进一步丰富、完善与拓展,并且,现有研究主要集中在工商企业领域,有关农业企业成长的研究成果并不多见,且较少有学者综合运用社会网络理论和企业资源理论研究农业创业企业成长问题。

　　与一般工商企业比较,农业企业成长有其自身特点。农业企业经营的产品直接或间接与农业生产密切相关,因此,农业企业从事农产品经营面临自然风险与市场风险的双重风险。农业是弱质产业,比较利益低下,对资源和外部环境依赖性更强,获取资源的难度更大,与其他工商企业相比,农业企业绩效偏低,成长更加缓慢,面临更低的存活率和成长率,中小农业创业企业尤其如此。中小农业创业企业实力单薄,抗风险能力弱,资源缺乏,例如,中小农业企业不仅需要获取土地资源、原材料和原料的供应以及建立产品销售渠道,而且还面临企业经营信息获取、经营管理知识和资金匮乏等问题。因此,如何从中小农业创业企业的外部环境中或企业所嵌入的网络中获取相应的资源是中小农业创业企业成长的关键。由此可见,以创业者网络为主的嵌入中小农业创业企业的社会网络是企业成长的重要影响因素。另外,众多研究结果也证明,社会网络对企业的创立和成长具有重要的促进作用(Shawandconway,2000;Sawyerret et al.,2003),而小企业的成长基本上依赖于企业主或管理者的个人关系(Blanckbum et al.,1999),创业者必然嵌入在网络中(Brüderl et al.,1998)。有研究认为,与运用其他组织理论研究企业成长进行比较,从创业者的社会网络视角分析小企业成长更具有优势(朱晓霞,2008)。综观已有研究,迄今为止,从社会网络视角研究企业成长更多地集中在工商企业领域,却较少研究中小农业企业成长问题。本书主要以江西省为例,深入研究嵌入我国中小农业创业者的社会网络与企业创业成长绩效的关系,从创业网络视角揭示中小农业企业成长规律。

长期以来,中小企业成长不仅是学术界研究的热点,而且是世界各国政府高度关注并着力推动和扶持的重要问题。中小农业企业是中小企业的重要组成部分,是建设现代农业的重要力量,促进中小农业企业成长是建设现代农业的重要途径。为促进中小农业企业成长,多年来,我国每年有关农业问题的中央一号文件一直把"培育和壮大龙头企业"作为促进农业产业化发展的政策重点,当前我国农业产业化龙头企业(所谓农业产业化龙头企业,是指以农产品加工或流通为主,通过各种利益联结机制与农户相联系,带动农户进入市场,"产供销""种养加"有机结合、相互促进,在规模和经营指标上达到规定标准并经政府有关部门认定的企业)大多数属于中小农业企业,这表明,促进中小农业企业快速成长,是当前乃至未来很长时间内各级政府所面临的一项重要工程,需要政府在政策上予以大力扶持,这对于推动农业产业化快速发展、实现农民增收、建设社会主义新农村和促进中国现代农业的发展进程具有重要的战略意义。

20 世纪 90 年代以来,在政府政策的大力扶持下,我国呈现出农业创业浪潮,涌现出了一大批农业企业、家庭农场和农业专业合作社等经济组织,许多中小农业企业已经发展为农业产业化龙头企业。根据农业部统计,截至 2016 年年底,我国农业产业化组织数量达 41.7 万个,比 2015 年增长 8.01%。其中,农业产业化龙头企业达 13.03 万个,同期增长了 1.27%。全国拥有各类家庭农场有 87.7 万户,其中,经农业部门认定的家庭农场达 41.4 万户,平均每个种植业家庭农场耕地经营规模超过 170 亩,家庭农场开始成为我国农业生产的生力军。大中型农业企业增速加快,销售收入 1 亿元以上的农业产业化龙头企业数量比上年增长了约 4.54%;农业产业化龙头企业固定资产约为 4.23 万亿元,同比增长了 3.94%。

2016 年,全国农业产业化龙头企业实现年销售收入约 9.73 万亿元,比 2015 年增长了 5.91%,其增速甚至高于规模以上工业企业主营业务收入的增长。

在国家政策的大力支持下,虽然我国农业产业化龙头企业有了较快的发展,已经成为现代农业建设的主力军,成为促进现代农业和国民经济发展的重要力量,但是,由于农业的弱质性和低投资报酬率等因素的影响,我国农业产业龙头企业绩效偏低,广大农业企业尤其是中小农业企业带动农户的能力弱,成长缓慢,有的甚至还处在维持生存阶段。即使是上市的农业企业,也面临低绩效和低成长的困境。例如,2003—2007 年,中国上市的农业企业的年净资产收益率仅为 4%—6%(沈艳丽,2009);2008 年、2010 年和 2012 年,江西省级以上农业龙头企业的平均销售利润率分别仅为 4.3%(刘克春,2009)、4.5% 和 4.4%(江西省农业厅,2010,2012),近 5 年,其利润率一直在 4% 上下徘徊。根据 2015 年笔者对袁隆高科、荃银高科、神农大丰等 111 家农业上市公司年度报告的财务数据分析,2015 年 111 家农业上市公司的平均经营利润率仅为 4.08%,其中有 33 家公司出现亏损,有的企业亏损超过 10 亿元。通过上述数据可以得出,农业的低利润率现状是很多大型农业企业进一步扩大发展的重要制约因素,低利润率也是广大中小农业企业面临较短生命周期和缓慢发展的重要影响因素。可以说,如果没有政府的大力扶持,中国中小农业企业不仅难以创业,而且比一般工商企业更难以生存和成长。因此,如何促进农业企业特别是中小农业企业快速成长,成为政府关注的重要问题。由于农业风险高、投资回报率偏低,中小农业企业比其他行业企业面临的风险更高。在资源获取上,农村土地、农舍以及许多农业生产用固定资产一般不具备资产抵押资质,创业者难以通过这些从银行获取抵押贷款,等等,以上因素决定了中小农业创业者一般难以从银行获取贷款,其创业资金主要依靠自有资金和向亲朋好友借入资金。因此,中小农业创业者必须主要依靠自身的社会网络获取资源,以谋求企业的成长,换言之,创业者的社会网络是中小农业创业企业实现企业成长的极其重要因素,社会网络对于中小农业企业获取外部资源,提高企业战略能力,实现企业成长具有重要作用。从创业者社会网络视角研究中小农业企业的成长更符合企业成长的实际,也更加具有优势和内在效度。

江西省是传统的农业大省,自 20 世纪 90 年代实行农业产业化经营以来,尤其是党的"十八大"以后,江西省各级政府制定了一系列优惠政策,加大对农业产业化经营和农业产业化龙头企业的支持力度,推动农业企业成长。截至 2017 年,江西省国家级重点农业产业化龙头企业有 40 家,省级龙头企业有 865 家,比 2012 年增加了 37.3%。农业企业成长迅速,实力不断增强。2016 年江西省级以上龙头企业实现销售收入 3250 亿元,比 2012 年增长 75.6%,全省规模以上农业产业化龙头企业实现销售收入 4720 亿元,比 2012 年增长 103.4%。涌现出一批骨干农业龙头企业,全省实现销售收入超 100 亿元的有 3 家,超 50 亿元的有 5 家,超 1 亿元的省级龙头企业有 423 家,培育了诸如双胞胎集团、正邦集团等年销售收入超 100 亿元、并连续多年进入中国民营企业 500 强和中国企业 500 强之列的标杆领军企业。截至 2016 年年底,江西全省上市农业企业数达 31 家,江西省现代农业建设成果凸显。2016 年,江西全省建立了 7 个国家农业产业化示范基地,集聚了 3772 家农业产业化龙头企业,资产总额达 280 亿元,实现年销售收入 507 亿元。截至 2018 年 7 月,江西省农村创业创新园区有 210 个,农村创业创新经营主体约 2 万个,年经营收入突破 1000 亿元,带动就业人数约 142 万,农村创业创新呈现出良好的发展势头。农业龙头企业带动农户的产业化经营模式日趋完善,带动农户能力日益加强。进入 21 世纪,江西省大力推行"龙头企业＋合作社＋农户(或家庭农场)"经营模式,完善与农户建立紧密利益链接机制,带动农户增收。2016 年,江西省级农业产业化龙头企业直接带动农户 410 万户,实现户均增收 3250 元①。绿色农业、有机农业和生态农业发展迅速。截至 2018 年 5 月,江西省创建了 1 个国家农产品质量安全市、10 个国家农产品质量安全县、15 个省级绿色有机示范县,建有 44 个全国绿色食品原料标准化生产基地,绿色有机农产品累计达 2290 个,全省"三品一标"农产品达 4712 个②,在全国名列前茅。

综上所述,自 20 世纪 90 年代我国实行农业产业化经营以来,我国以及江西省中小农业企业有了较快的成长。但是,这些农业企业的经营效益一直偏低。江西省是传统的农业大省,是国家粮食主产区,农业经济在江西省国民经济发展中占有极其重要的地位。进入 21 世纪,江西省农业发展迅速,现代农业建设取得了突出成就,尤其是在绿色、有机和生态农业建设方面成绩显著,涌现了一批国家重点农业产业化龙头企业和全国知名品牌农产品,获得绿色、有机食品认证的农产品数量

---

① 江西省农业厅:《不忘初心,农业产业化实现跨越新发展》,江西农业信息网,2017 年 11 月 16 日,http://www.jxagri.gov.cn/News.shtml? p5＝341505。

② 宋海峰:《江西农业绿色发展之路越走越宽"三品一标"农产品数居全国前列》,中国供销合作网,2018 年 5 月 7 日,http://www.sohu.com/a/230677289_268469。

在全国位居前列。但是,与沿海山东、上海、浙江和广东等地相比,地处中部欠发达地区的江西农业产业化龙头企业发展仍然滞后,众多中小农业企业成长缓慢,如何促进江西中小农业企业快速发展是江西农业经济发展面临的一项重要任务。因此,以江西中小农业企业为样本研究中小农业企业创业成长具有一定的代表性。

1.2 研究意义

(1)理论意义。首先,本研究运用上市公司财务数据,采用双对数和 DEA 模型,实证分析资本、劳动力和政府财政支持等相关要素投入效率,并对农业关联企业的经营效率进行评价。其次,基于微观企业家创业网络视角,深入研究创业者社会网络与中小农业企业创业成长绩效关系,主要有以下理论意义:①运用农业上市公司财务数据对资本、劳动力和政府财政支持等相关要素投入效率和企业经营效率进行了评价;②揭示了中小农业企业主社会网络内容结构及其不同创业发展阶段的演变特征;③实证研究中小农业创业者社会网络与创业发展阶段对创业成长绩效产生的交互影响,揭示了中小农业创业者社会网络与创业发展阶段的匹配模式及其变化发展规律;④揭示了社会网络在创业不同阶段对中小农业创业企业战略的影响,以及创业者特征、环境等因素在社会网络中对中小农业创业企业成长绩效的调节作用;⑤揭示社会网络对中小农业企业创业成长绩效影响的作用机理。从现有研究文献看,尚未见学者深入研究上述问题,因此,本研究将从理论上弥补有关农业企业成长研究的不足。

(2)实践意义。本研究的重要实践意义包括:①本研究是在近年来我国政府提出要大力扶持农业产业化龙头企业发展的背景下提出的,通过研究创业者社会网络与中小农业企业创业成长绩效的关系,揭示中小农业企业创业成长规律,具有重要的现实意义和实践指导作用;②可以加深人们对中小农业企业创业成长规律的认识,为中小农业创业者进一步开发利用社会网络、加强社会网络治理、开拓资源获取途径、提高企业战略能力、提升企业绩效提供借鉴;③为政府等涉农相关部门制定扶持中小农业企业政策和优化创业环境提供决策依据。

1.3　概念的界定与研究对象

根据 2011 年国家统计局《关于印发统计上大中小微型企业划分办法的通知》(国统字〔2011〕75 号),中小型农、林、牧、渔业企业的划分标准是年营业收入在 50万元以上、20000 万元以下(不含 20000 万元)的农业企业。本研究中的中小农业企业就是指符合以上中小农业企业划分标准的农业企业。

米切尔将社会网络界定为某一群体中个人之间特定的联系关系。社会网络中的点不一定仅限于个人,也可以是组织或群体。尽管社会网络连接个体之间的关系既可以是人与人之间关系,也可以是组织与组织或人与组织之间等多种关系,但社会网络本质上还是人与人之间的关系。由于中小农业企业组织与其创业者关系密不可分,创业者实质上主导了中小农业企业的社会网络,因此,本研究的社会网络指的是中小农业企业主的社会网络,其研究结论同样适用于组织层面的社会网络研究。

1.4　研究目标与内容

1.4.1　研究目标

本研究以江西省创业型中小农业企业为例,分别采用上市公司数据和江西中小农业企业调查数据,运用数量模型实证分析资本、劳动力和财政支持等相关要素投入效率以及农业企业经营效率,基于网络视角实证分析中小农业企业家社会网络(以下简称"社会网络")与中小农业企业创业成长绩效关系及其作用机理和调节效应,为农业企业和有关部门制定科学决策提供依据。

1.4.2　研究内容

本研究主要内容包括以下几个部分:(1)农业上市公司经营效率以及资本、劳动力、政府财政支持等相关要素投入效率评价。(2)农业企业家社会网络结构研究,该部分主要研究农业企业家社会网络分类及其特征。首先,运用访谈研究,分析农业企业家社会网络的基本结构;其次,运用大样本统计研究,对社会网络结构进行探索性因素分析和验证性因素分析;最后,实证分析农业企业家社会网络的个体特征,分析其一致性和差异性。(3)农业企业家社会网络与中小农业企业创业成长绩效关系研究。该部分主要运用大样本统计研究方法,实证分析农业企业家社会网络对中小农业企业创业成长绩效的影响、农业企业家社会网络对企业的战略导向的影响以及战略导向对中小农业企业创业成长绩效的影响,在此基础上,验证战略导向在农业企业家社会网络对企业创业成长绩效影响的中介作用,揭示社会网络对中小农业企业创业成长绩效影响的作用机制。(4)运用调查数据实证分析企业成长阶段、环境等变量对社会网络与中小农业企业创业成长绩效关系的调节作用。

1.5　研究设计与思路

1.5.1　研究设计

第一,本研究对已有文献进行理论研究,在此基础上,运用上市公司数据,实证分析农业关联企业经营效率,并对资本、劳动力和政府财政支持相关要素投入效率进行评价。第二,提出企业家社会网络与中小农业企业创业成长绩效关系的理论模型假设。第三,运用江西省中小农业企业调查数据进行实证分析。本研究考虑将企业家情感网络分为社会型网络、商业型网络、支持型网络 3 类。战略导向是本项目有待研究的一个关键问题。关于战略导向的内容结构,可以考虑借鉴 Miles et al. (1978)把战略导向分为探索者、防御者、反应者和分析者的分类方法,也可借鉴 Berthon et al. (1999)把创业战略分为市场导向与创新导向的分类方法以及其他分类方法,该问题研究需要借鉴现有研究成果,通过对农业企业进行深度访谈和大样本调查予以分析。具体内容如图 1-1 所示。

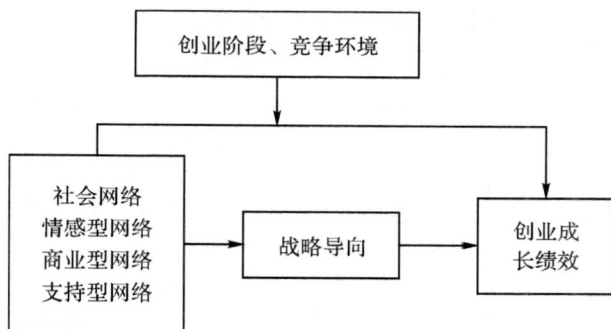

图 1-1 理论模型假设

1.5.2 研究思路

研究思路如图 1-2 所示：

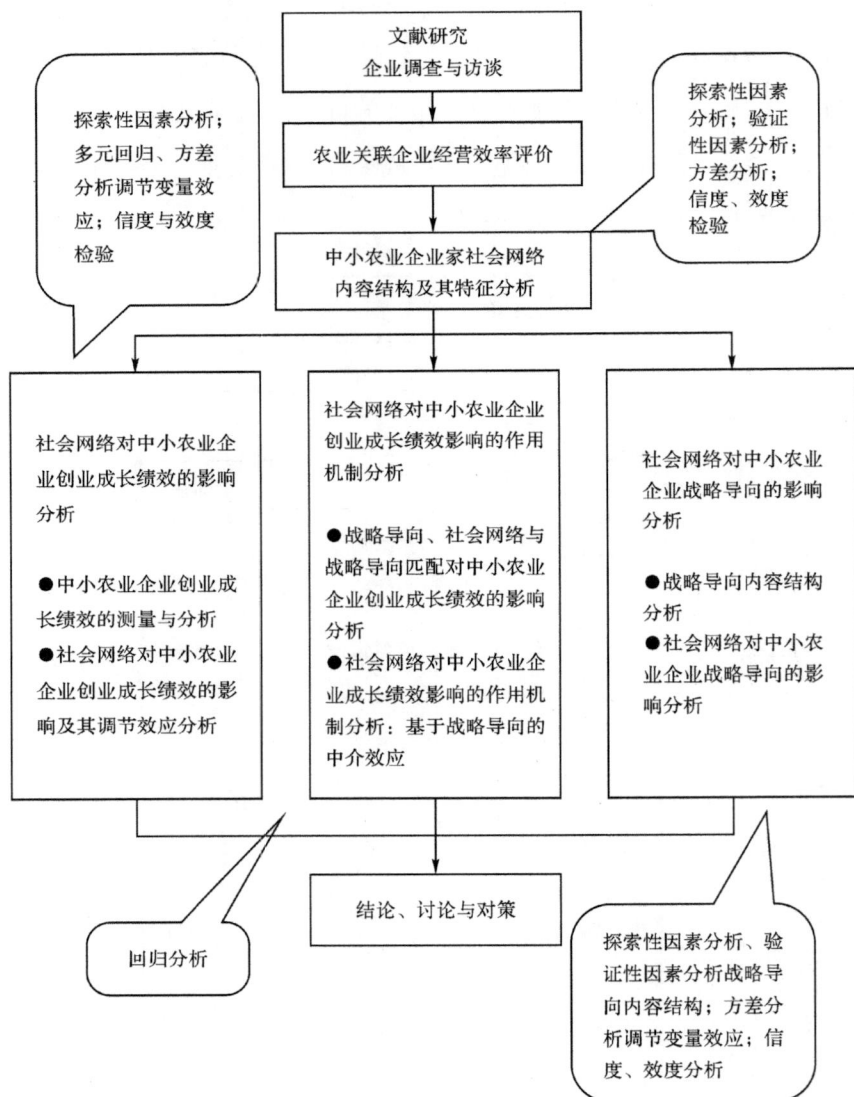

图 1-2 研究思路

1.6　研究方法

1.6.1　统计分析方法

本研究综合采用描述统计、双对数函数、DEA 模型、相关分析、多元回归分析方法、结构方程模型以及方差分析等统计分析方法,实证分析相关变量之间的关系。

1.6.2　调查方法与变量测量

(1)调查方案

①调查目的。通过访谈和问卷调查了解中小农业企业家社会网络及其影响因素、战略导向、创业成长绩效以及环境等指标,以分析社会网络与中小农业企业创业成长绩效关系。

②调查对象:由于当前我国农业主管部门与国家统计局对农业企业的认定标准并不一致,本书参照国家农业部门有关农业企业的认定标准,调查对象包括上市农业企业和创业型中小农业企业。创业型农业企业是指具有创业精神从事农产品生产、农产品加工和流通的省级以下(含省级)农业企业。所谓创业型企业指的是具有创业精神的企业(德鲁克,2002),可根据创业精神 7 点量表测量值大于或等于4 (Zahra et al. ,2004)的经验数据予以界定。

③调查主要内容:包括调查企业基本情况,创业成长绩效(产品销售增长、利润增长、固定资产增长、员工增长),社会网络,战略导向,环境、创业者特征等变量。

④调查方法:企业家访谈、问卷调查。第一,根据研究目的和研究文献制定出调查提纲;第二,根据调查提纲进行实地访谈;第三,根据访谈结果设计问卷;第四,

对问卷进行调查试测,修改问卷;第五,大样本问卷调查。由于中小农业企业在不同创业阶段呈现出较大的差异特征(例如,企业数量上的差异和企业规模上的差异,等等),因此,根据统计抽样方法理论,可以选择中小农业企业的创业发展阶段作为分类标志,对农业企业进行分类,然后,按照随机方法抽取样本。

(2)变量的测量方法

借鉴成熟量表,结合农业企业特征,运用李克特量表对中小农业企业家社会网络、企业创业成长绩效、战略导向等相关潜变量进行复合测量;采用内部一致性法作为检测问卷信度的工具,以克朗巴哈系数的值来检验变量测量项目的一致性。另外,对于中小农业企业创业成长绩效等财务指标,主要采用量表进行测量。有关中小农业企业抽样调查,可以从各级农业管理部门(农业产业化办公室)获取。对于农业上市公司相关指标,主要采用相关财务指标。

1.7 研究的创新与不足之处

1.7.1 研究的创新之处

本研究主要以农业关联企业、上市农业公司以及创业型中小农业企业为研究对象,通过运用上市公司财务数据,实证分析农业关联企业经营效率以及资本、劳动力和政府财政支持相关要素的投入效率,基于社会网络、企业成长、企业战略和创业等理论,实证分析农业企业家社会网络与中小农业企业创业成长绩效关系,从已有文献看,目前较少有学者系统地对此进行实证研究。

在研究内容上,本书具有一定的创新性。本书运用实证研究方法,研究农业企业家社会网络特征及其在创业阶段上的变化规律;揭示社会网络对中小农业企业创业成长绩效的影响及其作用机理,研究社会网络与企业战略匹配对中小农业企业创业成长绩效的影响;深入研究并揭示创业不同阶段社会网络对中小农业企业成长绩效的影响,等等。从现有的文献看,在农业企业研究领域,尚未有学者对上述问题做深入研究。因此,本研究具有一定的创新性。

1.7.2　研究的不足之处

由于笔者的研究能力有限,加之获取企业调查数据存在一定困难,本研究仍然存在不足之处。

一是理论模型的构建没有考虑到社会网络以外等其他因素的影响。众所周知,影响企业成长的因素众多,除了社会网络因素之外,企业资源、企业能力、企业家才能、技术、商业模式等因素都是影响企业成长的重要因素。但由于本研究基于社会网络视角,重点探讨社会网络对中小农业企业成长绩效的影响,因此,对影响企业成长的其他重要因素没有做深入探讨,使得本研究具有一定的局限性。

二是基于社会网络——战略导向——企业成长绩效的理论范式来研究中小农业企业成长的理论逻辑本身有其局限性。因为,迄今为止,有关企业成长的理论呈现“丛林”现象,可谓是百花齐放、百家争鸣,学术界尚未有公认一致的企业成长理论。因此,按照某一种理论逻辑研究企业成长,将不可避免地忽略了其他影响企业成长的因素,甚至是更为重要的因素,例如商业模式、企业资源、企业能力和外部环境等,从而使研究结论的解释力受到一定的约束。

三是由于企业数据调查的困难,本研究所调查的样本并非是完全按照科学统计抽样方法抽取的样本,样本的代表性具有一定的局限性。因此,本研究的最终结论能否被运用到其他总体,有待进一步验证。

四是运用上市公司数据对农业关联企业经营效率进行评价,由于其研究对象是上市公司,其研究结论是否契合中小农业企业,有待于实证进行检验。通过实证和众多研究发现,上市农业企业的经营绩效普遍偏低,与一般中小农业企业比较,其经营效率并不高。因此,把上市农业公司作为样本研究农业企业成长,对于中小农业企业成长只具有一定的借鉴作用。

2　文献综述

2.1 国内外有关社会网络的文献综述

综观国内外文献,研究中小农业企业成长的文献并不多见,而基于社会网络视角研究中小农业企业创业成长的文献更是少之又少。近年来,越来越多的学者开始从社会网络视角研究企业成长,但这些研究主要集中在工商企业领域,较少有学者关注社会网络对中小农业企业成长的影响。迄今为止,有关社会网络对企业成长影响的研究主要集中在以下方面。

2.1.1　社会网络相关理论研究

由于社会网络的作用逐渐受到重视,20 世纪 80 年代至 90 年代早期,一些学者将研究重点转移到网络嵌入型创业研究,强调个体和组织网络在新企业创建和早期成长过程中的显著作用(Granovetter,1985;Bourdieu,1992)。有关社会网络及其对创业绩效的影响研究包括以下几个方面:

(1)网络特征及其动态发展。该研究的最优先问题是分清社会网络的维度(Yli-Renko et al.,1998)。Nahapiet et al.(1998)首次将网络分为 3 个维度,即结构维度、关系维度与认知维度,该维度结构后被学者广泛引用。尽管如此,有关社会网络的维度研究呈现出多种维度划分。例如,根据网络主体之间的联系程度,社会网络可划分为网络密度、网络强度和网络频率(Zhao et al. ,1995);根据网络主体之间联系的紧密度,划分为强关系和弱关系(Granovetter, 1985;Batjargal et al. ,2004);根据网络联系的主体和形式,划分为正式网络(组织网络)和非正式网络(个人网络)(Chu,1996;Sull,2005);根据网络的形态划分为网络结合点、网络密度、网络可到达性和网络范围(Zhao et al. ,1995);根据网络结构划分为网络规模和网络集中度(Hansen,1995;Jenssen,2001);根据网络的发展划分为网络关系、网络治理、网络结构和网络动态性(Siu et al. ,2008),等等,如表 2-1 所示。

表 2-1　网络特征文献总结

学　者	观　点
Zhao et al.	根据网络主体之间的联系程度,社会网络可划分为网络密度、网络强度和网络频率
Yli-Renko et al.	最优先问题是分清社会网络的维度
Nahapiet et al.	首次将网络分为 3 个维度,即结构维度、关系维度与认知维度
Granovetter et al.	根据网络主体之间联系的紧密度,划分为强关系和弱关系
Chu & Sull	根据网络联系的主体和形式,划分为正式网络(组织网络)和非正式网络(个人网络)
Hansen & Jenssen	根据网络结构划分为网络规模和网络集中度
Siu et al.	根据网络的发展划分为网络关系、网络治理、网络结构和网络动态性

在关系力量论方面,美国新经济社会学家格兰诺维特在网络研究方面提出了弱关系力量论,该理论在整体上将关系力量的互动频率、感情力量、亲密程度和互惠交换的 4 个维度划分为"强关系"和"弱关系"。较高的同质性网络联系由于个体之间信息结构的相似性,所以很难满足大家对多元化信息需求;而较高的异质性网络联系由于个体之间信息结构的互补性,所以可以满足广大成员对信息多元化的

需求。对于社会网络中嵌入性的问题,他提出了信任是基础。然而,有些学者也提出了与弱关系力量论不同的观点,他们指出,格兰诺维特的网络"嵌入性"概念与之前弱关系力量论之间存在矛盾,提出网络成员之间较高信任机制产生的条件是网络嵌入性运用。而网络成员之间交流与合作日益增多成熟的积累将产生信任度,因此,"嵌入性"概念的提出是对强关系理论的支持。

在结构洞理论方面,Burt(1992)在其代表作《结构空洞》一书中,对结构洞理论进行了具体的阐述分析,提出了以下几个方面的观点:一是社会网络的形成(个体或组织间)重点表现为无洞结构和结构空洞两种,前者是指社会网络中的成员之间不存在间断,处于一种"无洞"结构状态,该种类型网络一般存在于小型组织之间的群体;而后者是指网络成员之间出现联系间断现象,不能进行全面的直接联系,其中至少有部分网络成员之间没有直接联系,整个社会网络处在一种有"洞穴"的结构状态,这种网络类型一般出现在较大的社会组织群体之间。这两种不同的社会网络结构使得网络成员具有不同位置优势:一是信息优势;二是控制优势。社会网络中结构空洞所带来的位置优势,给占据结构空洞位置的社会网络成员带来更多有价值可利用的信息资源(郭毅等,2002)。Burt通过研究表明,社会网络中结构空洞的跨越者的联结行为具有增值效应,这种跨越行为的双方成员可以获取信息资源方面的控制优势和话语权,为企业的长期发展提供长期的资源需求(姚小涛等,2003)。因此,可以认为,结构空洞的存在改变了原有的社会网络结构,促进了不同网络群体之间的资源和信息互联互通,提高了整个社会网络价值,增强了网络中的个人或组织的竞争优势。

在网络资源方面,在社会网络结构弱关系力量的基础上,有学者从社会网络和资源联系相结合的视角提出了社会资源理论,推进了社会网络理论发展。该理论指出,那些嵌入于个人社会网络中的诸如权力、财富、声望等社会资源并非为个人所直接占有,而是通过个人社会关系获取的;当社会结构等级分明,行动者采取工具性行动时,弱关系带来的社会资源甚至比强关系更多(林南,1990)。在这种社会资源理论中,这种弱关系联结着不同的社会阶层,网络个体成员会在不同网络群体之间进行资源的获取、调换与租用等;而强关系网络联结则因为参与者的社会阶层和网络个体成员在结构上和资源上具有同质结构,彼此需求依赖度小,不具有工具性意义(肖鸿,1999)。

相对于社会网络理论,社会资源理论的重大理论突破表现为:一是突破了传统观点认为的只有占有的资源才能被运用的归属结构观,强调资源不仅被个体拥有和使用,而且也可以通过嵌入在社会网络中,可以为网络中的其他成员获取和使用;二是认为在资源获取效果上弱关系比强关系更有效。

此外,与社会资源理论密切相关另一理论——社会资本理论,也受到学术界的高度关注。社会资本主要是指社会网络中接触到的资源。这两种理论共同的着眼点在于关注资源的工具性使用,社会资本是一种从社会网络中动员了的社会资源,只有当社会资本与社会资源联系起来时,这种弱关系才能为企业组织等带来较多的社会资源(张荣祥,2013)。

2.1.2 社会网络前因变量的研究

有关创业网络的前因变量研究主要涉及创业者性别(Kinunda,2009;Wharton,2007)、文化(Batjarga,2007;Klyver,2008)、创业者特征(Wincent,2005)、信任(Smith et al.,2008)、企业规模(Peng et al.,2000)和企业发展阶段(Hampton et al.,2009;朱秀梅等,2011),等等。例如,学者 Hampton et al.(2009)通过访谈研究认为,社会上一些女性创业者在新企业创建的不同生命周期所塑造和形成的网络具有不同的性质和动态演化;学者 Kuada 以加纳女性为研究样本,探索了其形成的创业网络特征,发现女性创业者在与银行金融机构打交道的过程中往往会受到歧视,难以获得银行的支持,但这些女性创业者通过发展情感型社会关系以获取创业所需的各种短缺资源。Foley(2008)通过对跨国家创业者(澳大利亚、美国和新西兰)实际的创业案例分析,认为文化和社会资本对于内生型创业者的网络特征有着密切的联系,性别、文化、信任、政府支持等因素是影响创业网络演化的重要因素。另外,包括国别文化、创业者性别、创业者特征、创业者外倾性、创业所处阶段、网络成员的责任意识、网络成员间信任也是影响社会网络的前因变量(朱秀梅等,2011)。Peng和Luo的实证研究发现,企业的所有制性质、行业、规模等在企业家的社会网络与企业绩效之间的关系中起到调节作用。总体来讲,与中小型企业和民营企业比较,国有或大型企业与政府部门的网络关系和企业绩效之间的关系更密切(袁勇志等,2013);政府关系网络与企业经营绩效具有显著的正向影响(陈逢文等,2015)。

2.1.3　社会网络对创业绩效影响的研究

创业网络的研究可追溯至20世纪80年代中期,国外学者波利首次将社会网络和创业网络进行结合研究,并把创业网络分为正式网络和非正式网络,提出了创业网络理论。此后学者Donckels和Lambrecht对创业网络给予重新定义,指出创业者在创业的初期阶段获取资源、信息和各种社会支持等,用以认知或获取相关潜在机会的途径方式。当前,在社会环境快速变化的背景下,创业网络主要关注创业者与其合作伙伴如何形成认知、信任与合作关系。

大量研究表明,社会网络对创业绩效具有重要的影响。充当创业网络结果变量的主要有新企业绩效、新企业成长、企业创新能力和国际创业等,其中,许多研究聚集于社会网络对创业绩效的影响研究。例如,大量研究表明,社会网络能够提升企业绩效(Coughlan,2005;吴冰等,2009;郑晓博等,2011;李乾文等,2012;陶秋燕等,2014;王伟等,2018)。创业者或创业企业通过其网络联系的一系列行为,不仅推动了企业的创建,而且,这些网络资源为创业企业以后的成长奠定了基础(Ostgaard et al.,1996）。社会网络不仅对企业的财务绩效有重要的作用（Aldrichet et al.,1987），而且能够提升企业的非财务绩效（张凯等,2012）。尽管许多研究显示社会网络对企业绩效具有正向影响,但是也有学者持不同的观点,例如,有些学者研究认为强关系网络对企业绩效具有消极影响（Gargiulo M et al.,1999）；虽然网络可能会促进创业企业绩效,但并不是所有的关系都起到同样的作用（Peng et al.,2000）。也有些研究试图解释和调和这两种相悖的观点,如 Hite et al.（2001）认为,在新企业不同发展阶段,网络的特征对企业绩效的影响有所不同。Butler et al.（2003）研究认为,创业者的网络关系对创业绩效没有显著关系。Aldrich et al.（1987）研究发现,创业网络与创业绩效之间并非简单的线性关系,对于生存期少于 3 年和超过 3 年的企业,创业网络的作用是不同的,该研究结论在意大利、瑞典等国家同样得到验证。研究发现,网络规模和网络强度与其创新行为呈现倒"U"型关系。

有关社会网络对企业绩效的影响研究众多,本书将主要观点罗列如下,如表 2-2所示。

表 2-2　文献总结

学　者	观　点
Birley	通过实证研究发现,创业网络与提高新企业绩效具有显著正相关
Havnes et al.	创业网络能够促进新企业员工人数、销售额甚至是市场份额的增加,从而提高新企业绩效；创业网络对新企业绩效的影响具有一定的滞后性
Lemer	通过对以色列女性创业者实证研究,得到结论认为,创业网络能够促进新企业绩效的提高,强关系对新企业绩效的影响较大
Butler	通过对泰国 100 家制造业企业展开研究后发现,虽然创业网络能够为创业者带来更多的信息,但对新企业绩效没有显著的影响
陈伊藤	创业网络和柔性领导力对新企业的成长起着举足轻重的作用。通过对创业网络、柔性领导力以及新企业绩效三者之间的关系进行研究,得到结论认为,在创业网络对新企业绩效的作用机制中,柔性领导力起到了很好的补充作用

2.2　战略导向与社会网络、企业绩效关系的研究

2.2.1　战略导向与社会网络关系

关于战略导向有许多不同的分类。例如,Miles&Snow(1978)将战略导向分为探索者、防御者、被动反应者和分析者。以上两位学者对战略导向的分类,已得到众多实证研究支持,这种战略导向分类已经成为衡量企业不同战略模式的基本范式。Miles&Snow 对战略导向的分类和进行简单的内容对比,如表 2-3 所示(薛红志,2006)。

表 2-3　战略模式

战略模式	特征描述
防御型战略	实施这种战略的企业,其战略定位于相对稳定的产品或服务领域,维持一个安全的市场,在竞争中,为客户提供比竞争对手更为有限的产品或服务,努力提高产品和服务质量,采用低价格来保护其市场领域。实施该种战略的企业一般不会走在技术发展的前沿,而是专注于有效领域,并将效率发挥到极限
探索型战略	实行这种战略的企业,非常重视开发新产品或进入新的市场,这类企业一般将在非常广泛的产品市场领域中运作,并且会寻求重新定义自己的产品市场领域,企业会对市场机会释放出的信号做出快速反应。但是,这类企业难以在其进入的所有领域确保市场竞争的优势地位
分析型战略	执行该战略的企业,力图保持稳定有限的产品或服务,同时捕捉开发产业内新出现的发展机遇。但是,这类企业较少率先开发新产品和服务,主要是仔细检测分析主要竞争对手的市场行动,一旦发现某类市场呈现出较好的发展势头,便能够快速有效地跟进
被动反应型战略	采取这种战略的企业,一般缺乏产品市场定位,缺乏对现有产品和市场地位的维护,不愿承担市场风险,对环境压力被动做出反应

根据产品市场演进的不同阶段把战略导向区分为:开发者、稳定者、转向者和收获者(Herbert,1984);根据决定企业新产品成功的一系列因素的分析,将战略导向分为顾客导向、竞争导向和技术导向(Gatignon,1971);成本领先战略、差异化战

略和聚焦战略(Porter,1985);Berthon et al. (1999)认为创业战略可分为市场导向与创新导向的创业战略的两大类;Venkataman(1989)认为战略导向可以分为6个关键维度:进取性、分析性、保守性、未来性、前摄性和冒险性;杨智等(2009)将战略导向分为市场导向与创新导向,等等。

一些研究表明,社会网络影响企业战略(Gulatietal,2000;Baba et al. ,1992;林嵩等,2009;郑晓博等,2011;刘克春,2015)。例如,创业网络的最大价值在于为新创企业战略提供了资源支持(林嵩,2009);社会网络在战略管理方面发挥了捕获信息、促进合作、替代缺失和获取资源的功能,社会网络与战略导向的匹配对企业绩效具有显著的正向影响(郑晓博等,2011);企业网络与市场导向战略具有显著的正相关(姜文辉,2010)。但是,国内外有关社会网络如何影响企业战略以及社会网络与战略的匹配对企业绩效影响的实证研究并不多。

2.2.2 战略导向与企业绩效关系研究

大量研究表明,战略导向是实现企业成长的重要因素,对企业绩效具有显著的影响(Poter,1980;Janczak,2005;Arora et al. ,2011;Tang et al. ,2012;项国鹏,2013)。尽管有关战略导向的内涵,学术界看法不一,如学者Diamanto、Slater等认为,战略导向对企业的绩效有微弱的影响;Greenley、Hanetal、谢洪鸣等学者认为这两者之间不存在相互关系,在一定程度上并不能提升企业绩效。战略导向是企业为了获取持续的高绩效而奉行的一种战略方向,并可以导致相应的战略行动,实现企业持续的高绩效(Gatignon,1997);战略导向是"变化中的过程"(Andrews,1971)。战略导向对企业绩效具有显著的影响,已经得到大量验证。

此外,战略导向对企业绩效具有直接作用(Morris et al. , 1996;Yusuf,2002;Wiklund et al. ,2005;Irene H C,2006;薛红志,2006;郑晓博等,2011;封梅等,2017)。国内学者薛红志通过研究企业战略、绩效和创业活动三者之间的影响机制,发现企业选择特定的战略模式,会使企业绩效各不相同,企业还会通过合理的行动方案来实施支撑战略;对企业环境的整体分析与把握形成的企业战略,能够解释绩效指标和企业创业回应机制之间的影响关系;创业是一种创业者把握商机进行各种创业活动的过程,因此创业者所坚持的战略模式和创业者所面临的整体经济环境,对于创业导向与创业绩效之间关系存在影响,而战略模式往往起着更为重要的影响。

例如,Cano et al. (2004)通过研究发现,市场导向的创业战略与创业组织的绩效之间存在显著的正向关系,Atuahene-Gima (1996)、Hult et al. (2004)在研究中指出,创新导向与创业组织的绩效之间也具有显著的正向关系;市场导向和质量导向分别与企业绩效存在显著相关性(Johnson,1997);社会网络功能与企业战略匹配良好的企业具有较好的绩效(郑晓博等,2011);杨智等(2008)在战略导向对企业绩效影响的研究中,引入创新为中介变量(分为突破性创新和渐进性创新),将战略导向分为市场导向和创新导向,构建这几者之间的关系模型,并以湖南高新技术开发区的180家企业为样本对其进行了经验检验,得出这两种战略导向对于企业绩效有着显著的正向影响的结论。

刘晓静(2013)在其毕业论文中总结战略导向与企业绩效关系研究,大致归纳出了以下3种作用机制:直接作用机制、中介作用机制、调节作用机制,如表2-4所示。

表2-4　不同作用机制文献分类

战略导向作用机制类型	代表学者观点
直接作用机制	Morgan(2003)利用 Venkatraman 通过战略导向的多维度划分,研究其中分析性、保守性及未来性对企业绩效的直接作用;Narver et al.(1990)认为市场导向与商品企业和非商品企业的绩效之间都存在正向关系;Johnson et al.(1997)研究了市场导向和质量导向对企业绩效的影响,认为这两种战略导向对绩效都有显著的影响;Jeong et al.(2006)通过对中国 232 家制造企业的实证研究,认为技术导向对企业新产品绩效有显著的正向影响
中介作用机制	例如,Gatignon et al.(1997)研究了战略导向通过创新影响企业的新产品绩效;杨智等(2009)以渐进性创新和突破性创新为中介变量,分析了战略导向对企业绩效的影响;Slater et al.(1995)认为组织学习可以作为市场导向对绩效作用的中介变量;谢洪鸣等(2006)、杨曦东(2010)以组织学习为中介变量研究了战略导向对产品创新的影响,发现战略导向影响学习类型的选择,不同学习类型对产品创新具有不同的影响
调节作用机制	学者们重点研究了环境、行业类型、企业特征如所有制类型组织规模等作为战略导向对企业绩效影响的调节变量。例如,Arbaugh et al.(1997)引入环境作为调节变量,研究了不同的环境对战略导向和绩效关系的不同作用机制;Lukasetal(2001)以环境动态性为调节变量,研究认为,在动态性较高的环境下,战略导向可以发挥出更积极的作用;张旸等(2006)引入企业所有制类型和组织规模作为战略导向与企业绩效关系的调节变量,研究结论认为,小企业的市场导向对绩效的作用更强,与服务业企业比较,制造业企业的市场导向与绩效的关系更强

2.3　创业成长绩效与农业企业成长绩效的研究

当前,有关创业成长绩效的研究主要集中在工商企业领域,而对农业企业绩效的研究则主要集中在对农业产业化龙头企业绩效的评价、影响因素以及扶持政策绩效评价方面。

2.3.1 有关创业成长绩效的研究

创业成长绩效是创业绩效的一个重要维度。创业成长绩效理论借用了组织理论和战略管理中的绩效理论。在组织绩效研究中,有 4 种测量绩效理论:一是以目标为基础的测量理论(Etzioni,1964);二是系统资源理论(Yuchtman et al.,1967);三是过程理论(Steers,1977);四是利益相关者理论(Connolly et al.,1980)。在创业绩效研究中,广泛使用的是目标理论和利益相关者理论,利益相关者绩效理论综合考虑了其他 3 种理论(Connolly et al.,1980)。大量研究表明,运用多维指标测量组织绩效更具意义(kirchhoff,1977;Venkatraman et al.,1987)。从创业研究的视角看,创业成长绩效和生存绩效是创业绩效研究中被认同度很高的两个维度。许多研究者将生存作为创业成功的基本维度(VandeVen et al.,1984),而创业成长绩效则被视为创业绩效的一个重要指标(Brown,1996;Chandler et al.,1993),以往实证研究进一步表明,创业绩效主要体现为创业企业的成长目标(Ensley et al.,1992;Chandler et al.,1994),创业企业的成长绩效可以用资产增长、销售增长、利润增长和员工增长以及竞争力成长来测量(Bursh et al.,1992;Chandler et al.,1994)。同样,在创业成长绩效测量中,一般运用主观绩效和客观绩效两类指标进行测量。主观绩效测量指标包括销售成长、市场份额和员工成长等指标,客观绩效测量指标包括销售收入增长、销售率水平、净利润、销售回报率、投资回报率、资产回报率、股权收益率以及税前收入等 8 个指标(Robinson,1998)。大量研究表明,运用主观绩效指标和客观绩效指标进行组织绩效测量时,具有良好的聚合效度(Wall et al.,2004)。

其次,对于企业成长的研究中,杨杜(1996)认为,企业成长发展过程不仅表现为企业经营资源的蓄积和企业规模不断扩张的过程,而且是企业进行结构调整和改革创新的过程。他认为企业的成长是企业在质和量两个方面综合作用的结果。

黎志成(2003)则从质和量两方面对企业成长进行阐述,认为企业的成长是该企业未来的一段时期内所能够实现企业发展的合力,表现为"量"的扩张和"质"的能力以及潜力,这两个因素决定了企业发展的可能性以及发展的程度。

2.3.2　农业企业绩效评价研究

迄今为止,许多学者应用实证方法从盈利能力、成长能力、还债能力和股本扩张能力等方面对农业上市公司的绩效进行实证分析(许彪等,2000;何宜强,2005;李雪阳等,2008;杨印生等,2009)。一些研究结果显示,当前农业上市公司整体绩效不高(李雪阳等,2008;许忠,2011;刘克春,2014),盈利水平低于全国平均水平(沈艳丽,2009;范黎波等,2012)。

2.3.3　有关我国农业企业成长绩效影响因素的研究

对农业企业绩效影响因素的研究,目前更多聚焦于扶持政策对绩效影响。总体而言,现有研究大多认为,农业龙头企业的扶持政策取得了好的绩效。根据农业部产业化办公室(2005)的研究结果,在政策扶持下,近年来,国家重点农业龙头企业运行良好,企业逐步做强做大,效益不断提高。陈启杰(2010)研究认为,政策导向对农业企业绩效具有显著的正向影响。江西省农业厅农业产业化办公室(2010)的研究也认为,近年来,通过实施农业产业化"双十双百双千"工程,农业龙头企业成长迅速。也有学者认为,政策扶持可以帮助农业企业更新设备、引进技术、增加企业资本积累(郭建宇等,2009);李吉安(2006)认为,扶持发展龙头企业,能带动一批农户,振兴一片经济;另外,通过笔者对2006—2008年江西省级以上农业企业的实证分析,政府、金融部门的扶持政策取得了良好的绩效(刘克春,2009)。李道和等(2011)采用江西省2003—2010年江西省26家农业企业的面板数据,通过实证分析验证了贴息贷款和税收减免等扶持政策对企业绩效的影响。李大胜等(2009)

运用 2004 年广东农业龙头企业的调查数据,综合考察和评价企业核心竞争力,通过研究后发现,政府扶持和金融支持等外部资源对培育农业龙头企业的核心竞争力起到了不可忽视的作用。

然而,也有学者对农业企业扶持政策的绩效持不同的观点。例如,沈晓明(2002)通过实证分析认为,补贴政策对上市公司绩效的影响是消极的;林万龙等(2004)通过对 58 家上市农业公司的实证研究后认为,政府对农业龙头企业的扶持政策是低效的。品牌扶持政策对技术效率没有显著影响(李道和,2011)。在税收政策对农业上市公司的绩效影响方面,众多研究认为,政府对农业上市公司的税收补贴等措施,在短期效应内虚增企业的收入,对企业的盈利能力并不具有显著的正面效应,政策支持在一定程度上导致了企业寻租,没能从内部提高能力(谭再刚等,2002;汤新华,2003;邹彩芬等,2006;王昌,2009),研发投入量对农业企业绩效具有显著正向作用,而政府一般性财政补贴对农业企业绩效提升作用不明显(白全民等,2018)。

总结以上文献综述,本书紧紧围绕社会网络与中小企业成长绩效,梳理相关知识点的理论基础和前沿研究。在社会网络研究方面,重点总结梳理了网络特征及其动态发展(包含关系力量论、结构洞理论、网络资源观)、社会网络前因变量研究、创业网络对创业绩效的研究,其中社会网络列举了商业社会网络、制度社会网络、技术社会网络,提出了不同的网络类型对企业的成长绩效有不同的影响。在战略导向对社会网络、企业绩效的相关文献研究中,提出了社会网络往往能给战略的制定和执行提供资源支持,并且把战略划分为不同类型的观点;在战略导向对企业绩效的影响中,提出了存在 3 种作用机制——直接作用机制、中介作用机制、调节作用机制,众多学者的研究普遍认为战略导向会直接作用于企业的绩效,即战略导向的正确合理性会对企业的绩效产生积极的影响。在创业成长绩效与农业企业绩效的研究上,重点归纳了几种绩效测量的理论,提出了比较经典的目标测量理论、系统资源理论、过程理论、利益相关者理论,通过总结众多学者的绩效测量方法,结合本书研究对象的特殊性,提出了运用主观绩效指标和客观绩效指标进行组织绩效测量,得出具有良好的聚合效度的结论,这也是本书研究绩效评价的依据;农业企业绩效评价则列举了一些学者重点使用的评价标准;对于农业企业成长绩效影响因素研究方面,重点总结了我国政策扶持对于农业企业成长绩效的影响,得出大多数学者认为具有积极影响,少数则认为具有消极影响,而资产、劳动力、广告投入、技术效率和与农户的信任等因素也对农业企业的成长绩效存在影响。

国内外研究现状显示,有关社会网络与企业创业成长绩效关系的研究,主要聚焦在网络特征、社会网络对企业绩效的影响等方面,而且主要集中在工商企业领域,鲜见学者将创业型中小农业企业作为研究对象。国内在研究农业企业时,主要是结合农业产业化来研究,更多的是在宏观方面特别是在宏观政策方面进行研究,研究的重点聚焦在农业产业化龙头企业绩效评价和如何通过政策扶持壮大龙头企业等方面,较少有学者研究农业企业成长问题,更鲜见学者基于社会网络视角深入研究农业企业家社会网络特征及其在不同创业阶段上的变化规律,以及社会网络对中小农业创业企业战略和企业成长绩效的影响及其作用机制,等等。而社会网络对于农业企业的创建、企业战略包括企业生存和成长都发挥着极为重要的作用,可以说,在当今农业企业的创业过程中,如果离开社会网络去创建农业企业、维持新创农业企业的生存和成长是难以想象的(刘克春,2011)。因此,研究社会网络与中小农业企业创业成长绩效关系,对于推动人们积极从事农业企业创业、促进农业企业快速成长具有重要的理论价值和现实意义。

2.4 财政支持农业企业的文献综述

2.4.1 财政支持政策综述

在我国当下财政扶持体系中,财政政策对农业企业和农业关联企业支持重点通过以下几种方式来实施,即政府采购、财政补贴、财政专项资金、财政贷款支持、降低税率、税收减免等。针对财政支持方式,国内很多学者做了大量研究,取得了许多研究成果,综观已有研究,这些研究主要包括如下内容。

(1)政府采购

政府采购作为财政扶持政策的重要方式,是我国政府和各级机构为满足公共服务项目的需要,利用财政资金对一些项目所需的产品和服务进行市场化购买的行为。当前我国财政支持领域的工程项目建设一般都会面向社会进行采购招标。政府采购这一特殊的财政扶持工具在一定程度上会对中小企业经营和技术创新起导向作用。国内一些学者针对该项财政扶持工具做过相关研究。例如,杨燕英等(2006)通过研究政府采购促进中小企业成长的效应,认为目前我国每年政府采购规模不断扩大,但与国有大型企业相比,在政府采购中,中小企业一般处于劣势地位,获得政府采购订单的机率往往较小,因此,政府应采取相应政策措施,在政府采购中给予中小企业政策倾斜,调动中小企业参与政府采购活动的积极性,从而促进中小企业的发展。与此同时,中小企业在参与政府采购过程中,应在以下几个方面进行改进:中小企业应改变观念,建立高效率的信息系统,降低产品成本,提高产品质量,建立企业品牌,学习政府采购法,了解政府采购的具体过程,以联合体的形式参与政府采购。姜爱华(2007)在研究政府采购对中小企业创新的影响中,认为中小企业创新与政府采购存在相关性,政府采购推动了中小企业创新。由于当前政府采购在施行过程中存在一些问题,我国政府采购对中小企业创新性的激励性还不强,并提出建议,我国政府采购运作可借鉴美国的试验技术激励项目经验,加大支持高科技中小企业的项目,鼓励中小企业进行创新,充分发挥中小企业对地区经济发展和解决失业问题中的重要作用。在促进中小企业发展的政府采购政策研究中,庄佳林(2011)运用经济学和财政学相关理论对政府采购促进中小企业发展进行了理论分析,认为我国政府采购在促进中小企业发展方面的财政绩效导向不明确,针对中小企业的定向采购缺乏明确的方向,政府采购针对中小企业的意识不强,采购信息平台有待完善,市场要公开、公平、透明。杨丽等(2012)学者通过研究认为,政府采购需要明确制度程序,良好的政府采购不仅可以优化中小企业市场环境,而且可以充分发挥财政政策促进中小企业发展的作用。

(2)财政补贴

财政补贴是财政扶持工具中的另一个重要方式,按经济性质,财政补贴可分为价格补贴、财政贴息和企业亏损补贴等。财政补贴政策目标主要是协调我国在经济社会发展中出现的利益矛盾,主要用以保护特定的产业和地区经济,同时发挥自身协调利益分配的职能。财政补贴作为一种宏观调控手段,可被政府用来实现多种政策目标,如促进产业发展、稳定市场价格、保障人民生活,以及促进国际贸易发展等。但是如果财政补贴政策运用不当,如补贴范围过宽、补贴规模过大、补贴方式不当,将会导致某种资源价格扭曲、保护落后、抑制企业创新和发展的不利后果,给财政带来包袱。沈晓明(2002)在补贴政策对农业上市公司的影响研究中指出,如果政府财政补贴运用不当,会在一定程度上降低企业的竞争力,例如,无偿性的补贴会助长企业惰性,扼杀企业进取心,虚构企业利润,妨碍企业法人治理结构的完善改革,等等。唐清泉等(2007)以上市公司为重点研究对象,通过研究政府补贴与上市公司几项经营指标之间的关系,研究结果显示,公司人员规模、承担社会责任、纳税整体数量与该企业所得到的政府补助之间存在显著的正相关关系。宋丽等(2016)通过实证研究财政补贴对高技术企业 R&D 投入的影响,得到结论:财政补贴是高技术企业投入的重要影响因素,并且呈现出复杂的非线性关系,财政补贴对高技术企业的投入具有显著的促进作用。但是,存在明显的挤出效应,随着财政补贴的投入增加,财政补贴对高技术企业的投入的正效应不断减弱。杨晔等(2016)通过实证研究上市公司财政补贴对企业研发的投入和绩效的影响,结果显示,财政补贴对企业绩效具有促进作用,但对企业研发投入具有负向调节作用,财政补贴对企业绩效的影响具有滞后效应。申香华(2010)通过跟踪研究获得财政补贴企业的后期整体效果表现,发现获得财政补贴企业在社会责任方面的贡献并不突出,主要表现为缴纳税收较少、没有明显增加就业机会、很少投入环保公益事业、社会捐款额度较少,一些与政府关系良好的中小企业尽管获得了较多国家财政补贴,但对当地社会的贡献甚少。

(3)财政专项资金

财政专项资金是我国财政扶持政策中的又一重要方式,是政府用于公共事业、社会管理、社会保障、经济建设以及政策补贴等方面用于指定用途的资金安排,财政专项资金在运用过程中实行单独核算、专款专用并进行监督。财政专项资金对扶持特殊行业企业进行固定资产投资、技术创新研发、产业结构调整升级具有重要的促进作用。王然等(2011)研究认为,政府专项资金投入和企业自有资金投入的协调配合对企业自主创新能力的提升起着主要作用。David et al. (2000)研究发现,政府科技投入显著地促进了企业成长。温欣(2009)研究发现,政府的科技经费投入促进了我国技术创新水平的提高。刘丽(2010)通过研究发现,财政专项资金可以为企业发展带来很多便利,科技型企业创新引导资金、中小企业信用担保资金、地方特色产业中小企业发展资金、创业孵化财政引导资金、产业园建设发展资金等对中小企业发展起到了良好的带动作用。任富刚(2013)通过对中小企业创业基地财政资金支持政策的研究发现,财政资金支持促进了中小企业创业基地发展,对引导社会资金参与、建设创业服务平台以及改善中小企业成长环境等具有重要的作用。与此同时,他还指出财政支持中小企业政策存在的不足,并提出完善建议。但是,也有一些研究对政府财政专项资金投入效率持相反观点,例如,有研究发现政府直接拨款与金融贷款对企业科技创新没有明显影响(张艳辉等,2012);俞立平(2013)基于高技术企业省际面板数据的实证研究认为,政府经费投入企业的绩效有待提高。

(4)财政贷款支持

所谓财政贷款支持是国家按照信贷原则,以偿还为条件采用信用形式安排的财政支出。与一般的商业银行贷款相比,财政贷款属于有偿的财政支出。财政贷款支持对象主要是宏观经济效益显著的项目,支持范围是投资数额大、建设周期长的经济投资开发项目、重点工程和重点产业。王德高等(2004)研究认为,财政专项贷款对中小企业的前期发展起到良好的帮扶作用,政府可选取那些创新能力强、发展潜力大的优秀中小企业作为重点贷款扶持对象予以重点支持。戴国庆(2006)通过对中小科技型企业创新基金研究,认为可以对中小创新科技型企业的技术发明专利或企业知识产权专利进行评价,并作为信用依据,以此建立信用担保获得贷款,政府给予企业贷款贴息补助,帮助企业的前期发展。范宝学(2009)研究认为,财政贷款支持可以促进中小企业成长,一些区域性地方财政专项贷款与企业成长呈显著正相关。杨林等(2010)认为,政府财政政策应改变财政资金支出传统方式,通过建立信用担保机制,以信用联保的方式向融资机构获取专项贷款,财政给予相应的财政补贴利息。谭开明等(2010)经实证研究发现,财政资金支持与企业自主创新有着相关联系,地方财政帮助中小企业融资建立风险准备金,给予贴息扶持,对中小企业创新具有促进作用。单军等(2013)在研究财政增信贷款如何扶持小微企业发展试点执行时发现,"财政增信优惠贷"取得了不错效果,对小微科技型企业成长具有促进作用。

(5)降低税率

降低税率是政府财政支持企业的一种政策工具。许多学者在降低税率方面进行了大量研究,例如,许洁(2004)在财政税收政策帮扶中小科技型企业发展的研究中发现,当前我国税收政策税率偏高,不利于企业成长,而且税收政策相关的税率在课税主体上存在差别对待现象,这种税收体制引起了税收不公平的状况,进而削弱了中小企业的竞争力。尹丹莉(2011)研究发现,我国政府在不同行业实施差异性的税收优惠政策,积极的税收优惠政策促进了中小企业成长。中小企业担保课题组(2012)在财政支持中小企业信用担保政策研究中,提出应该对中小企业实施税收优惠政策,在税收政策对中小企业成长予以扶持。王华伟等(2012)以北京为研究对象,通过分析发现结构性的降低税率、减少中小企业税收,有利于促进中小企业的成长。

(6)税收减免

税收减免是指国家针对特定纳税人或者征税对象,给予减少或免除税收的一种税收优惠措施。税收减免包括税率式减免、税基式减免和税额式减免 3 种类型,但不包括出口退税和财政部门办理的减免税。综观近年来国内学者对税收减免的研究,大多聚焦在中小企业税收减免上,学者们大多建议政府实施降低税率、减免税收等优惠政策。例如,吴小波(2010)深入探讨了税收政策对循环经济发展的作用,认为推动循环经济发展是一项系统工程,需要政府的大力支持,政府运用税收这一宏观调控手段推动循环经济发展是一种最佳选择,他建议在循环经济发展中,政府应综合运用财政税收等多种政策工具,调节经济主体行为,建立起节约资源和保护环境的机制。税收减免能够直接减少企业费用,增强企业的盈利能力,可以取得良好的政策扶持绩效。胡小毅(2006)研究认为,税收减免是促进中小企业成长的重要财政工具,合理使用税收减免政策能够为政府和企业带来双赢。王志福(2012)通过对山东区域企业税收减免进行追踪研究,认为税收减免对于企业的后续成长具有良好的效果。实证研究显示,中小企业税收减免政策提升了增值税和营业税的起征点,有利于山东省中小企业步入持续健康成长的轨道,实践证明这项财政扶持政策是有效的,值得推广。

2.4.2 财政对农业企业的政策绩效研究

改革开放以来,基于"扶持农业产业化就是扶持农业,扶持龙头企业就是扶持农民"这一理念,迄今为止,我国各级政府都出台了一系列扶持农业龙头企业的优惠政策,对农业企业予以大力扶持。从财政支持对象看,国家财政支持对象重点是农业产业化龙头企业。截至 2016 年年底,全国农业产业化组织数量已经达到 38.6 万个,各类龙头企业总数 12.9 万家,2012 年底,农业部已经分 5 批遴选出了 1253 个国家重点农业龙头企业。各级政府在基地建设、金融支持、税收减免、财政补贴和出口等方面对当地农业产业化龙头企业予以大力扶持。据统计,2014 年,中央财政扶持农民合作组织发展资金规模达到了 20 亿元,国家农业综合开发安排中央财政资金 12.8 亿元用于支持龙头企业带动产业发展,其中,中央财政安排资金 6.68 亿元支持龙头企业带动产业发展试点项目 108 个,中央投入财政资金 6.12 亿元用于支持 157 个"一县一特"产业发展试点项目,重点扶持农业龙头企业种植养殖基地、农副产品加工和储藏保鲜等项目建设。与此同时,政府各级财政也在税收减免和补贴方面大力支持农业产业化龙头企业。

迄今为止,政府主要通过科技支持、设施支持、项目支持、金融支持、税收减免和品牌扶持等多种方式对农业产业化龙头企业进行政策支持。其中,科技支持是指农业部、地方各级政府的产业化专项资金中用于良种推广、基地农民的技术培训、新品质引进和病疫防治等各项支持资金;设施支持是指政府涉农管理部门专项用于农业龙头企业的基础设施的支持资金;项目支持是各级政府部门专项用于支持农产品加工项目和农业龙头企业的基地建设的投入和补助;金融支持是指各级政府给予农业产业化龙头企业的在信贷资金方面的各种优惠政策,例如低息贷款、项目建设贷款和流动资金贷款等;税收减免是政府相关部门制定的对农业产业化龙头企业在经营中给予的税收减免优惠政策。《财政部、国家税务总局关于国有农口企事业单位征收企业所得税问题的通知》(财税字〔1997〕49号)规定,凡是符合以下3个条件的农业产业化龙头企业,均可享受政府的税收减免:一是经过国家认定的重点龙头企业;二是生产经营期间符合《农业生产国家重点龙头企业认定及运行监测管理办法》的规定;三是从事种植业、养殖业和农林产品初级加工业国家重点农业龙头企业。

品牌扶持是指各级政府对农业产业化龙头企业在产品品牌建设上给予补贴和奖励。

尽管国内外大量学者对政府财政支持政策进行了大量研究,并取得了许多研究成果,特别是有关我国财政对企业的支持政策研究成果,可谓硕果累累,这些研究对于改革完善现有财政支持政策、提高财政政策效率、促进企业发展,无疑具有重要的现实指导意义。但是,迄今为止,尚未发现有学者基于财政支持农业产业链关联企业进行比较研究,因此笔者认为,有必要基于农业企业与其他农业关联企业比较的视角,研究财政对农业关联企业的支持,从而为提高财政支持农业关联企业效率、改进财政扶持政策方式、提高支持力度提供指导。

3 我国农业企业成长状况分析

3.1 我国农业企业成长状况

20世纪90年代初,我国实行了农业产业化经营,进入21世纪,我国农业企业尤其是农业产业化龙头企业、农业专业合作组织和家庭农场等新型农业经营主体呈现出前所未有的快速发展趋势,已经成为推动我国农业产业化经营、带动农户增收、促进现代农业发展的重要力量,农业企业发展主要体现在以下方面。

3.1.1 农业产业化组织不断涌现,重点农业产业化龙头企业数增长迅速

据农业部统计,截至2016年年底,我国农业产业化组织数量约41.7万个,比2015年底增长了8.01%,比2012年的28.4万个增加了13.3万个,增幅31.9%,平均每年增长率为7.2%。其中,农业产业化龙头企业达13.03万家,比2015年增长了1.27%,比2012年的11.1万家增加了1.93万家,增长14.8%,平均每年增长3.5%。国家重点农业产业化龙头企业增长迅速。2017年,我国国家级合格农业产业化龙头企业数共计1131家,其中,山东省有85家,位居首位,四川省有58家,位居第二,河南省和江苏省均有55家,并列第三。有13个省份的国家重点

农业产业化龙头企业数量超过 40 个,还有 7 个省份的国家级重点龙头企业数量在 30—40 个之间①。从地区的分布来看,国家重点农业产业化龙头企业主要分布在浙江、山东、广东等经济发达的东南沿海地区以及河南、四川等传统农业大省。经济发达沿海地区和传统农业大省的农业产业化龙头企业对农业产业化发展具有很强的带动能力,对周边地区的经济发展具有辐射带动作用。

3.1.2　农业企业经营绩效不断提高,企业不断成长

以农业上市公司为例,2011 年我国袁隆高科、荃银高科等 111 家农业上市公司平均营业收入为 34.5 亿元,平均利润为 1.5 亿元,2015 年,其中的 108 家农业上市公司的平均营业收入、平均利润分别为 46.03 亿元、1.88 亿元,比 2011 年分别增长 33.4%、25.3%,年均分别增长 7.5% 和 5.8%。根据农民日报社三农发展研究中心调查的 833 家农业产业化龙头企业数据,2017 年,营业收入超过 45 亿元的龙头企业有 103 家,占 12.4%;营业收入在 15 亿元以上、45 亿元以下的龙头企业为 150 家,占 18%;营业收入在 2 亿元以上、15 亿元以下的龙头企业数量最多,达 444 家,占 53.3%;营业收入在 2 亿元以下的龙头企业数量为 136 家,占 16.3%②。以上农业企业营业收入都呈现出逐年增长的发展趋势。

3.1.3　农业龙头企业创新产业化经营模式,带动农户能力不断提高

自 20 世纪 90 年代我国实行农业产业化经营以来,各级农业产业化部门围绕培育壮大龙头企业、完善利益联结机制,锐意进取,不断创新农业产业化经营模式,

---

① 高鸣、郭芸芸:《2018 中国新型农业经营主体发展分析报告》,中国农业新闻网,2018 年 2 月 22 日,http://www.farmer.com.cnxwpdjjsn/201802/t20180222_1357856.htm。

② 同上。

目前已经形成了"企业＋农户""企业＋中介组织＋农户""企业＋合作社＋农户(家庭农场)"等多种经营模式。截至 2016 年年底,全国各类农业产业化组织共有 41.7 万个,辐射带动农户 1.27 亿户,带动农户年均增收 3493 元,一村一品专业村镇超过 6 万个[①]。例如,2016 年,江西省级农业产业化龙头企业直接带动 410 万农户,比 2012 年增加了 34 万户;实现农户年均增收 3250 元,比 2012 年增加了 830 元[②]。例如,江西的正邦集团创造性地探索出"龙头企业＋贫困户"扶贫模式,在江西吉安、安徽金寨、湖北红安、黑龙江肇东等 61 个贫困县创办了 90 多个饲料厂、养猪场,带动 100 万农民增收、12 万贫困人口脱贫。

3.1.4　农业现代化快速发展

21 世纪以来,我国科技发展突飞猛进,农业现代化发展迅速。作为推动农业现代化发展最重要的主体农业企业,农业机械化水平有了较大的提高。"十二五"期间,我国农机总动力达 11.2 亿 kW,比"十一五"期末增长了 20.4%,大中型拖拉机、联合收割机和插秧机保有量分别达 607.3 万台、173.9 万台和 72.6 万台,分别是"十一五"期末的 1.5 倍、1.8 倍和 2.2 倍。农机作业水平有了新跨越。"十二五"期间,我国农机作业水平由耕种环节向产前、产中和产后全过程拓展,由种植业向养殖业、渔业、林业以及加工业等相关产业延伸。全国农作物耕、种、收综合机械化率达 63.8%,比"十一五"期末提高了 11.5%。农业机械化科技创新成果突出。"十二五"期间,我国农业科技在高效、精准、节能等方面有了新的突破,深松整地、农产品储藏和保鲜、粮食烘干等资源约束、生态保育、环境友好型农业技术得到广

---

① 农民日报、农业部新闻办公室:《产业化龙头企业:一头挑起发展 一头担着惠农》,农产品加工信息网,2017 年 8 月 5 日,http://www.sohu.com/a/162494840_776086。

② 江西省农业厅:《不忘初心,农业产业化实现跨越新发展》,江西农业信息网,2017 年 10 月 16 日,http://www.jxagri.gov.cn/News.shtml? p5＝341505。

泛应用,规模以上农机工业企业主营业务收入达 4524 亿元,比"十一五"期末增长
73.6%[1]。绿色农业、有机农业、生态农业发展迅速。农业现代化是个发展过程,
实现农业现代化是我国经济发展的一大长远目标,也是我国农业的发展方向。改
革开放以来,我国农业发展取得了举世瞩目的成就,现代农业发展日新月异。"十
二五"以来,我国绿色食品产业和经营规模增长速度分别达 8.4% 和 6.9%,截至
2016 年 8 月,我国绿色食品产品总数约 2.5 万个,绿色食品企业已达 10306 个,产
品抽检合格率在 99% 以上[2]。2016 年,我国绿色食品年销售额达 4588 亿元,比
2011 年的 3135 亿元增长了 46.3%,年均递增 7.9%,呈现出较快的发展趋势,如
图 3-1 所示。

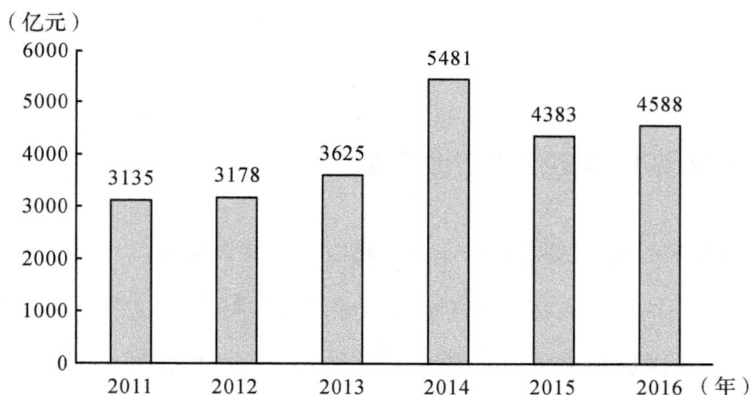

图 3-1　2011—2016 年中国绿色食品产业市场规模

数据来源:中商产业研究院。

---

① 百家号:《2017 年中国现代农业市场前景研究报告》,中国情报网,2017 年 12 月 6 日,
https://baijiahao.baidu.com/s?id=1585975609302732750&wfr=spider&for=pc。
② 中国绿色食品协会:《绿色食品正引领农业供需结构升级》,食品饮料招商网,2016 年 9
月 5 日,http://www.5888.tv/xiehui/zglsspnews10984。

3.2 江西农业企业成长状况

江西省是传统的农业大省,党的"十八大"以来,江西省各级政府不断优化农业创业环境,加大对农业产业化尤其是农业产业化龙头企业的支持力度,以推动农业企业成长。在政府的大力扶持下,江西省现代农业发展迅猛,农业企业成长迅速。

3.2.1 农业产业化龙头企业成长迅速,实力不断壮大

截至 2016 年年底,江西全省上市农业企业数达 31 家,全省农产品加工业产值增长迅速,农产品加工产值与农业总产值之比为 2.28∶1,农产品加工转化率达 60%,较 2012 年有大幅提升。

3.2.2 龙头企业实现了"产业升级"

"十二五"期间,江西省农业产业化发展取得了较大成就,农产品加工业实现了由少数特色农产品加工发展到全省所有主导产业和特色产业农产品加工的转变;水稻产业实现了由稻谷输出为主到以大米深加工产品和品牌大米输出为主的转变;全省建成了 7 条百万头屠宰加工线,生猪加工企业的加工能力超过千万头以上,新增 1544 个新型烘干、贮藏保鲜设施,新增贮藏能力达 9.2 万吨。全省农产品初加工水平得到了显著提升。

3.2.3 农业企业、合作社等经营组织创新融合发展

经过几年的发展,江西省的农村创业创新呈现出良好的发展势头。例如,江西仙客来生物科技有限公司建成中国首家灵芝全产业链可视工厂,实现了加工业、种植业、文化和旅游观光产业一体化经营,形成了加工业、农业、林业三大产业融合发

展。宜春市靖安县高湖镇古楠生态种养专业合作社率先探索出"1+3"农村发展模式,即一个核心(土地集中、农业集约化经营)、三个一体(设施、服务、管理三位一体化)。2017年该合作社6个农产品获得国家有机产品认证,古楠绿色大米入选全国"一村一品"名单,2016年获得第十八届中国绿色食品金奖。

3.2.4 农业龙头企业带动农户的产业化经营模式日趋完善,带动农户能力日益加强

进入21世纪,江西省大力推行"龙头企业+合作社(或家庭农场)+农户"经营模式,积极推行"龙头企业+贫困户"等经营模式,探索与农户建立紧密利益链接机制,带动农户增收。2016年,江西省级农业产业化龙头企业直接带动农户410万户,比2012年增加了34万户;实现户均增收3250元,比2012年增加830元。近年来,江西省生态农业发展迅速。正如习近平总书记所指出的,"绿色生态是江西最大财富、最大优势、最大品牌"[①]。江西省以"五大发展理念"为引领,以绿色生态农业"十大行动"为导向,通过做好转变增长方式、调整产业结构、做强做大产业、打造品牌、建设示范园区等各项工作,大力推进全国"绿色有机农产品示范基地试点省"建设,一年多来,在政府的大力推动下,江西省绿色生态农业快速发展,取得了较大成效。

3.2.5 绿色农产品发展迅速,农产品质量安全得到加强,现代农业建设成就凸显

实施农产品品牌战略,品牌战略绩效突出。江西重点打造"四绿一红"茶叶、江

---

① 吴跃军、魏本貌、秦海峰:《江西:绿色理念深入人心 生态优势强省富民》,人民网——江西频道,2017年3月1日,http://jx.people.com.cn/n2/2017/0301/c190260-29782719.html。

西省地方鸡和鄱阳湖水产等区域性品牌,赣南脐橙、南丰蜜桔、庐山云雾茶、宁红茶、遂川狗牯脑、泰和乌鸡、广昌白莲等 10 个农产品品牌,农产品区域公用品牌跻身"2017 最受消费者喜爱的中国农产品区域公用品牌"100 强;赣州市、南丰县的"赣南脐橙"和"南丰蜜桔"成功入选首批中国特色农产品优势区,建成设施农业面积达 93 万亩,江西省入选的"2017 年最受消费者喜爱的中国农产品区域公用品牌"占全国总数的十分之一。

4　农业企业的财政支持现状分析

影响农业企业效率的因素众多,包括资本、劳动力、土地、政府财政支持和农业科技等,本章主要对资本、劳动力和政府财政支持三因素投入农业关联企业的效率进行实证分析,重点在于实证分析财政投入效率。

4.1　财政对农业企业支持现状的分析

4.1.1　财政支持规模

近几年随着我国产业结构的调整,政府加强了对经济和社会各方面改革的调控,继续实施积极的财政政策,财政扶持各行业的力度不断加大,每年财政支出规模呈上升趋势。如表4-1所示,根据2010—2014年我国财政支出统计数据,我国财政支出规模不断扩大,从2010年的财政支出规模89874亿元,增加到2014年的151786亿元,增幅达68.9%,每年保持将近14%的增长速度,其中,中央财政支出由2010年的15990亿元增加到2014年的22570亿元,增长41.1%,年均增长8.97%;地方财政支出由2010年的73884亿元增加到2014年的129216亿元,增加74.9%,年均增长15%。以上数据显示,地方财政支出增长的速度大大超过中央财政支出增速。我国财政支出的快速增长,一方面是由于我国GDP增长,财政

预算收入相应地持续快速增加;另一方面,在"十一五"到"十二五"期间,由于受
2008 年世界经济金融危机的影响,我国为应对经济危机,采取了一系列积极的财
政举措,以促进社会、经济不断发展。

表 4-1　2010—2014 年国家财政支出表(单位:亿元)

指　标	2014 年	2013 年	2012 年	2011 年	2010 年
全国财政支出	151786	140212	125953	109248	89874
中央财政支出	22570	20472	18765	16514	15990
地方财政支出	129216	119740	107188	92734	73884
中央财政支出比重(%)	14.9	14.6	14.9	15.1	17.8
国家财政农林水事务支出	14174	13350	11974	9938	8130
国家财政环境保护支出	3816	3435	2964	2641	2442
地方财政商业服务业等事务支出	1320	1337	1352	1395	1273
地方财政金融监管等事务支出	259	213	250	235	149
地方财政节能保护支出	3471	3335	2900	2567	2373

数据来源:根据 2011—2015 年中国统计年鉴整理。

4.1.2　财政支出产业结构

表 4-1 显示,我国财政支出结构由中央财政支出和地方财政支出两部分构成,
中央财政支出一般占比 15%—18%,近 4 年来,在财政支出结构中,中央财政支出
的比例呈现下降的趋势,由 2010 年的占全国财政支出的 17.8% 下降到 2014 年的
14.9%,4 年来下降了近 3%。另外,在财政支出结构中,国家财政农林水事务支出
在全国财政支出中占有重要地位,4 年来支出数额不断增长。2010 年国家财政支
持农林水事务支出为 8130 亿元,2014 年增加到 14174 亿元,增加 74.3%,年均增
加 14.85%。但从结构上看,2010 年国家财政农林水务支出占国家财政支出的
9.04%,2014 年国家财政农林水务支出占全国财政支出比例增加至 9.3%,4 年间

增加 2.6％,增长幅度相对稳定。这表明随着国家财政支出的不断增长,财政农业支出的不断增加,但所占比重一直保持在 9％左右,其中,有一部分财政农业支出直接或间接用于支持农业产业化龙头企业成长。

另外,从近年来我国的财政支出结构看,在我国每年的财政支出项目中,占比较大的项目有国防支出、社会保障与就业、农林水事务支出、教育科学支出、交通运输等,其中涉及农业的支出往往位于前三位,财政支出比例较大,而且从纵向比较,每年的增长幅度约为 15％,这一增长幅度与每年财政整体支出增长规模相一致,表明当前包括农业企业在内的"三农"问题仍然是政府重点关注和财政支持的对象,这些财政支持政策被贯彻落实到财政扶持农业发展上,让农民、农业基础设施建设和农业经济等都能够得到财政支持,直接或间接地促进了农业企业成长。同样与农业企业相关的国家财政环境保护支出、地方财政节能保护支出等重要项目的支出,为国家发展环保、节能、清洁新能源和生态循环产业提供了极大的政策支持,最终提升了相关企业的经营绩效,促进了相关产业的发展。例如近年来很多清洁新能源、环保产业、循环经济企业的发展,虽然行业利润空间小,但国家在产业政策上给予大力扶持,优先发展,政府在财政上进行了大量投入,从而吸引了很多企业积极进入,这与每年的财政支持有着密切的联系。地方财政商业服务业等事务支出与地方财政金融监管等事务支出为众多的农业企业或农业关联企业营造了很好的经商环境,优化了金融机构运营机制,项目贷款给予贴息支持、技术成长型企业专项资助项目等财政支持方式,也是我国积极探索新财政扶持企业成长的尝试。

随着"十二五"规划和 2020 年全面建设小康社会政策目标的落实推进,作为政府的重要调节工具,财政政策也将强化其功能作用。实现上述目标的关键问题是切实改善民生,解决"三农"问题和经济建设中的重点短板问题,需要各级政府从上到下形成合力,将财政政策的支持重点向"三农"问题和民生领域倾斜,建立合理的保障和改善民生的制度。在"十二五"规划期间,财政支出实现了对"三农"、教育与科学技术、社会保障和就业、保障性安居工程在内的民生工程的提速建设,相应的财政支持农业和农业关联企业实现了财政支出不断增长。如 2011 年农林水事务财政支出规模为 9938 亿元,其中对农业企业的财政补贴、项目支持、技术支持等占了很大部分,而与农业相关的销售、物流、制造相关企业也获得价格补贴、财政专项贷款等支持,间接提高了企业的经营业绩。例如,从隆平高科、正邦科技、温氏农业、敦煌种业等农业上市公司披露的财务信息可以看出,它们每年都从政府财政获取几千万到几个亿元资金的财政补贴、技术研发项目支持和税收优惠等,这些占据了这些企业 10%—20% 的利润。

本章对中国上市公司收到财政扶持的情况进行统计分析,研究 2010—2014 年中国上市公司财政扶持现状,主要从财政扶持的行业和地区分布等几个方面来描述,揭示目前上市农业企业和其他农业关联企业的财政扶持的总体情况和规律,为之后的研究方向奠定基础。

4.1.3 财政支持企业结构

我国财政支持企业发展分布极其广泛,几乎涵盖了国民经济各个行业,这些行业包括农林牧渔业、采矿业、制造业、餐饮、房地产等 16 大类,政府支持以上产业中上市企业的财政支出如表 4-2 所示:

表 4-2 分行业上市企业财政扶持数据(单位:万元)

扶持金额 年份 行业	2010	2011	2012	2013	2014
农林牧渔业	41161.88	59498.93	77651.70	73679.17	95152.32
采矿业	210322.00	256476.92	705220.69	756121.82	992086.46
制造业	2725695.78	3613934.81	4796183.63	4866324.87	5344121.93
电力、燃气及水生产与供应	239346.65	337353.42	264509.10	253686.74	301792.53

续　表

扶持金额 / 年份　　　　行业	2010	2011	2012	2013	2014
建筑业	196501.86	264146.91	335140.95	349112.43	417548.73
交通运输、仓储与邮政	110204.01	164929.44	219832.64	238189.82	255706.13
信息传输、计算机服务和软件	170941.45	292092.13	424545.35	287692.86	651780.34
批发与零售业	2503.82	2749.73	2999.27	3902.87	11615.38
住宿与餐饮业	111786.62	155717.70	185800.50	220815.00	250688.21
房地产业	105360.27	193344.93	191525.61	118753.57	163724.08
租赁和商务服务	12608.03	28084.03	33182.87	56106.99	47076.33
科研、技术服务与地质勘查业	3302.69	7255.79	6634.80	9643.36	12663.51
水利、环境和公共设施管理业	7018.71	10018.28	15284.51	52840.44	59034.40
教育	158.69	223.69	283.32	389.93	446.68
卫生、社保福利	1996.85	1105.09	1714.10	2123.44	1676.17
文化、体育娱乐	29337.17	37837.52	72157.53	77209.61	96881.15
综合	15257.88	37648.69	17826.49	29629.93	23025.50
总计	3983504.36	5462418.01	7350493.06	7396222.85	8725019.85

数据来源:万德数据库中非经常性损益中的政府补助,按照行业分类进行汇总。

表 4-2 的统计数据显示,在上市公司中,制造业中的上市公司获得的政府补助金额最高,2010—2014 年它们获得的政府补助分别占财政总支出的 68%、65%、65.3%、65.8% 和 61%;其次是采矿业,2014 年采矿业上市公司共获得政府财政补贴 992086.46 万元,是 2010 年的 210322 万元的 4.7 倍,占财政总支出 11.4%,比 2010 年的 5.3% 增加 6.1%。近年来,信息传输、计算机服务和软件发展迅速,为促进信息、计算机和软件业的发展,政府在财政政策上大力扶持该行业,2014 年,该行业上市公司共获得财政补贴 651780.34 万元,是 2010 年的 170941.45 万元的 3.8 倍,占财政总支出 7.47%,比 2010 年的 4.19% 增加 3.28%。另外,建筑业、电力、煤气及水等公共服务行业和交通业的业补助力度加大,例如,电力、燃气及水生

产与供应行业中的企业获得财政补助所占比例较大,2010—2014 年,该行业所占财政补助所占比例分别为 6%、6.18%、3.6%、3.4%和 3.5%。而农林牧渔业上市公司近年来政府财政补贴不断增长,2014 年政府财政支持上市公司 95152.32 万元,是 2010 年 41161.88 万元的 2.3 倍,但每年的政府补助只占总额的 1%左右。

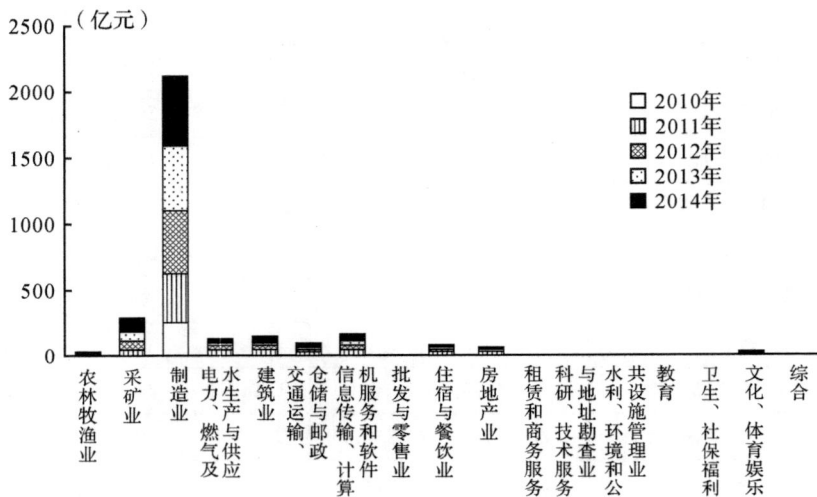

图 4-1　2010—2014 各行业财政支持图

如图 4-1 所示,从政府补助强度来看,各行业在年度中分布略有变化,如采矿企业获得的政府补助增长较快,而采矿业对经济增长的贡献众所周知,因此不难理解政府对其加大扶持力度;但对电力、燃气及水生产与供应企业的补助比例有所下降,补助金额呈上下波动,可能是由行业本身的特点决定的。而政府对农业企业的投入比例一直较低,一半以上的政府补助应用在制造业。由于制造业在国民经济中占有极其重要的地位,因此,各级政府在财政上对于发展制造业给予了大力扶持。其次,采矿业在国家经济中是基础产业,对工业发展具有重要的影响,因此,采矿业企业也是政府财政重点扶持的对象。近年来,信息、计算机和软件等高科技产业发展迅速,对于促进科技进步,提升国家竞争力等方面发挥了重要作用,因此该行业中的企业尤其是上市公司是政府大力扶持的重要对象。其他诸如房地产、电力、燃气和水生产供应等产业,不仅关系到国民经济的增长和发展,而且与民生休戚相关,因此也受到政府财政的扶持。农业是国民经济的基础产业,民以食为天,农业攸关国民经济发展和社会稳定,一直以来,农业是政府财政重要支持产业。作为现代农业发展的重要载体,20 世纪 90 年代以来,农业产业化龙头企业蓬勃发展,成长为推动现代农业发展的关键力量。为推动农业企业发展,政府制定了许多支持和优惠政策,直接或间接地促进了农业企业发展。但是,由于农业是弱质产业,投资回报率偏低,并且,随着国民经济的不断发展,产业结构不断升级,农业在国民经济中所占比例呈现出不断下降的趋势,因此,政府对农业的财政支出在全部财政支出中的比例也随之下降,对农业企业的财政支出比例也呈现下降趋势。如表 4-2 中,财政投入农林牧渔业上市公司的补贴在 16 个行业中排第 10 位,属于中间偏后位置。从农业在国民经济中的地位来看,基于中国人口、农村人口众多的基本国情,加大财政对农业和农业企业的支持力度,将有利于促进我国农业持续发展,加快现代农业建设,提高农民收入,促进城乡协调发展,促进全面建设小康社会目标的实现。

4.1.4 财政支持方式

由于不同行业特征和地方政府财政扶持的侧重点不同,其补贴的力度与项目种类也不同。但归纳起来主要有 5 种不同的财政补助形式:研究开发、技术更新及改造等获得的补贴;从事国家鼓励和扶持的特定行业、产业而获得的补助;符合地方政府招商引资等地方性扶持政策而获得的补助;承担国家为保障某种公用事业、社会必要产品供应、价格控制职能而获得的补助;税收优惠。

以研究开发、技术更新及改造等获得的补贴为例,从农业上市公司获得的补贴看,主要有以下补贴项目:基地建设补贴、科技补贴、良种繁育及加工基地建设项目、种子创新项目、质量追溯体系建设项目、规模化制种关键技术研究、产业化技术集成与示范、农机补贴、循环利用节能技术改造项目、秸秆工厂化栽培食用菌绿色循环项目、优秀技术示范企业补助资金、省级科技计划项目补贴、新兴产业补助资金、促进产业转型发展专项资金和高新基金。而农副产品加工企业的财政补贴主要有：科技型中小企业科技创新补助、固定资产投资补助、生产线补助、化验室改造补贴、中小企业发展专项补助、食品质量安全检测及追溯系统项目拨款、技术转化应用项目补助、关键技术研究与运用、科技成果转化平台建设等等。

4.2　财政支持农业企业存在问题的分析

4.2.1　财政支持企业的目标和对象不够聚焦

当前，我国财政支持企业涉及的产业众多，几乎涵盖了国民经济所有行业或部门，甚至连住宿、餐饮业、批发和零售等充满竞争性的第三产业也得到大力的财政支持，例如税收减免和财政补贴等。财政支持高科技产业的目标是为了促进科技进步，提升科技竞争力和产业竞争力，对于国民经济和科技发展具有重要的战略价值；财政支持农业企业发展是因为农业是国民经济基础，是关系国计民生的重要产业，并且农业是弱质产业，农业企业从事农产品生产经营活动的投资回报率偏低，农业企业尤其是农业产业化龙头企业肩负现代农业建设的历史重任，因此，财政支持农业企业成长，对于促进农业发展、增加农民收入和现代农业建设具有重要的作用。其次，从补贴内容看，通过调查发现，无论是上市公司还是中小企业，无论是农业企业还是其他农业关联企业，这些企业大多数可以从不同层级政府的多个部门获得财政多种支持，例如省级农业产业化龙头企业可以同时获得省级、市级有关部门的科技项目支持、财政补贴、税收减免、基地建设和品牌扶持等多种财政支持，而一些中小农企业也可以同时向政府有关部门申请固定资产更新改造资金扶持、低息贷款、科技项目支持、清洁生产基金扶持、税收减免和财政补贴等多种财政支持。在以上名目繁多的财政支持政策中，虽然每种财政支持政策都有其政策目标，但是，多种财政支持政策聚合在一起将使得财政支持企业的目标缺乏聚焦，这不仅稀释了财政支持企业的方向和重点，而且难以形成合力，降低了财政支持政策的绩效。当前财政支持企业的整体目标尚不明确，导致支持项目内容过多、范围过大。这种目标不明确的财政支持政策不利于资源的优化配置，在某种程度上降低了企业的竞争意识，不利于企业竞争力的提升。

4.2.2 财政支持大型企业过多，对中小企业支持较少

财政对企业的很多支持政策措施均适用于各类行业企业，但深入研究财政政策支持的实施过程，可以发现，目前我国财政资金在获取上存在较高的门槛条件，如对一些企业的技术研发补贴、设备升级改造补助等，企业要想获得这些财政支持项目，必须在生产技术、资产规模等方面符合规定的基本条件，广大的中小企业往往达不到相关要求，故难以获得政策的支持。而许多地方行业龙头企业由于其税收贡献较大、技术平台较为成熟、资产规模较大、经营较为规范，因此更容易获得政府的财政资助。在争取财政支持上，中小企业力量小，处于弱势地位，所以中小企业获取的财政支持较少。在农业领域，政府对农业企业的支持政策也是如此，本研究团队在研究江西省农业企业发展状况时，发现大型的农业产业化龙头企业每年都比较容易获得政府财政支持，而广大中小农业企业每年较少获得财政支持，获得难度相对较大。总而言之，我国财政政策对大型企业支持较多，广大中小企业获取财政支持相对较少。

4.2.3　财政支持对农业企业支持力度有待进一步提升

农业属于国民经济基础性产业,世界各国政府都在用不同的方式对农业产业实施财政支持,长久以来,财政补贴已经成为世界各国增强农业国际竞争力的一项重要措施。我国是世界上人口最多的国家,农业在国民经济中占据了极其重要的地位,"无农不稳、无粮则乱"。因此,我国政府一直都把农业的稳定发展作为一项重要的战略任务来抓,出台了一系列财政措施来促进农业的发展。但与西方发达国家比较,我国政府对农业的支持力度仍然偏低。2007 年,我国财政用于农业支出占财政总支出的比重为 8.7%,2012 年上升到 9.8%,而综观西方农业现代化水平较高的发达国家,政府用于农业的财政支出占财政总支出的比重为 12%—13%(中国农村财经研究会课题组,2017)。我国农业财政支持一直在低位徘徊,与西方农业发达国家相比存在较大差距。在我国改革开放以来的市场化进程中,工业经济发展优先于农业,是各届政府的一贯政策,农业市场化进程相对较慢。城市化进程的不断发展,各项政策资源会优先倾斜城市工业,农业在这过程中扮演着向城市和工业提供原材料的角色,正是这种深层次的原因,导致了我国财政对农业以及农业企业的支持相对不足。综观国际农业发展相对较好的国家,这些国家往往对农业企业财政支持力度较大,财政支持与农业和农业企业的发展存在很大的正相关性。我国在财政支持农业企业的规模、支持方式等都需要进一步提升、优化。

4.2.4　财政支持政策结构有待进一步优化

目前我国财政对于企业的支持政策结构、方式相对固定,一直沿用较为传统的财政工具如财政贷款、财政补贴、政府采购、项目支持等,财政支持方式、方法未能与时俱进,某种程度上降低了财政政策效果。在"十三五"规划实施的大背景下,我国经济的主题是创新驱动,促进供给侧深化改革,在这一经济发展转换期,财政支持政策结构需进一步优化。在财政支持政策结构上,各行业中企业支出重点应做出调整,如同属农业企业也应有所区别,对于能带动农业发展从事农业技术研发类企业、从事农业循环经济企业,政府应加大财政补贴额度和支持方式,而不是目前实行的与普通农业种植业和加工业企业相同的财政支持方式;对于其他行业,也需要改变当前财政支出结构相似性的问题。各级政府部门在实施财政支持时,在支持结构上必须根据经济发展需要进行调整、优化。

4.2.5　财政支持绩效有待进一步提升

我国的财政支持政策在促进企业发展上取得了一些成绩。但国内学者通过实证研究发现,财政支持政策在一些企业身上并未取得良好效果。实证研究显示,政府对农业龙头企业的扶持政策是低效的(林万龙,2004),财政支持方式——品牌扶持政策对技术效率没有显著影响,政府对于农业上市公司的税收补贴等措施,在短期效应内会虚增企业的收入,但它对企业的盈利能力并不具有显著的正面效应,政策支持在一定程度上导致企业寻租的错误方向,没能从内部提高能力。财政支持的目的在于为企业营造一个良好的环境,促进其长远可持续发展,但财政支持政策未能发挥其应有的效果,这些结论意味着我国现行的财政支持绩效需要改进提升。

4.2.6　财政支持管理体制需要进一步健全

随着我国财政体制改革的不断深化,财政资金相关管理体制日益完善发展,我国财政管理体制经历了中华人民共和国成立初期的高度集权财政管理体制,把国家收入和支出的支配权集中在中央,即"统收统支"制度。20世纪90年代中期,我国进行财政体制改革,按照重要服务功能的不同对中央和地方进行分税制改革,涉及国家安全、政治外交、社会公共支出和政府机构运营等相关支出被划入中央财政的责任范围,而地方相关的政府机构和本地教育、公共事业发展相关的财政支出则进入当地财政的责任范围。根据中央和地方的责任担当的不同,进一步划分了中央和地方财政收入的相关科目标准,其中,明确划分了中央与地方收入界线、中央财政对地方税收返还数额的确定和其他配套改革。截至 2016 年年底,改革后的国家财政管理体制大大加强了中央宏观管控能力,在财政分配中处于主导地位,对经济发展发挥了积极的调节功能。在财政支持企业的管理体制上,目前存在财政支持项目繁多、管理部门林立的现象,管理体制尚未形成统一的整合平台,信息分散和项目管理不统一,企业向多个政府财政资金管理部门重复申报支持项目,挪用财政专项补助资金,甚至采用违法手段套取国家财政资金,国家对企业财政支持资金使用缺乏严格、规范、完善的监管体制,缺乏对财政支持企业资金使用效果的评价机制,从而导致企业高度重视财政支持资金项目申报立项,而轻视财政支持项目的实施、反馈与评估,致使许多财政支持政策效应大打折扣。因此,如何建立完善的财政支持企业项目审批、资金使用和支持政策效果评估的监管体制,是当前政府有关部门亟待解决的重要课题。

4.3 财政支持农业企业绩效的相关因素分析

财政支持农业企业和农业关联企业,主要表现为在财政政策目标、财政支持方式、财政资金管理、产业特征、企业技术效率和规模效率等方面皆存在差异,这些因素影响其政策绩效。

4.3.1 财政支持目标对政策绩效的影响

财政支持目标将从以下方面影响财政支持政策绩效。第一,财政支持目标影响财政支持企业对象。例如,当财政支持政策是以发展战略性新兴产业及优化产业结构为目标时,由于战略性新兴产业往往引领着产业的发展方向,具有长远的发展前景,如新医药生物产业、新一代信息技术产业、高端设备制造产业、新能源与环保产业以及绿色经济、循环经济产业等。因此,财政支持对象企业将是以上的新医药生物企业、高端设备制造企业、新能源与环保企业等,财政对这些企业的支持将有利于它们降低经营风险,提高生存绩效,促进它们的成长。第二,财政支持目标影响财政支持项目内容。当财政支持目标聚焦于企业的固定资产更新、改造时,财政支持一般会以项目支持方式为企业提供固定资产更新改造配套资金。这种针对企业固定资产更新改造和技术进步的财政支持目标,将有利于提高企业生产技术水平,提高产能和产品品质,提高生产效率,最终有利于提高企业竞争力,提升企业绩效。第三,财政支持目标影响企业经营与企业能力。当财政支持企业目标是为了帮助提高企业生存能力,或者是维持企业例如上市公司在市场中既有的地位时,这种支持目标虽然有利于提高企业生存能力,帮助企业维持市场既有地位,但是,如果企业自身成长能力没有得到提高,那么财政支持政策目标难以从根本上得到实现,并且这种财政支持政策保护了落后企业,扭曲了资源配置效率,不利于市场公平竞争,也降低了财政资源的配置效率。第四,财政支持目标影响财政政策绩效。当财政支持目标是弥补企业亏损,或者帮助企业维持既有的市场地位时,财政支持政策有利于提高企业生存绩效。当财政支持政策目标聚焦于企业固定资产更新、技术进步和创新时,财政支持有利于提高企业核心能力,有利于促进企业持续成长。

当前我国财政支持企业的目标呈现多样性,支持对象具有广泛性,具体表现为财政支持方式、支持工具多元化,包括财政补贴、贴息贷款、税收减免、资金扶持、项目支持、品牌支持、奖励等多种支持方式和工具,涵盖固定资产更新、技术进步和创新、收入补贴、基地建设、基础设施建设等多种支持项目。另外,从再生产环节上,财政支持涉及融资、生产、运输、销售等产业链各环节,其政策目标表现多样化,例如,维持企业生存,帮助企业尤其是上市公司维持上市既有地位,避免因经营不善而停牌退市;帮助企业固定资产进行更新改造,推进企业技术进步和创新,提高企业核心能力;支持企业实施品牌战略,提高企业市场竞争力,等等。这种目标多样化、支持对象具有广泛性的财政支持政策,导致大型企业尤其是上市公司可以从财政部门获得各种各样的资金支持和补贴,从而分散了财政补贴目标重点,导致财政资金的配置效率下降,降低了财政政策绩效,甚至扭曲了市场要素资源价格,妨碍市场公平竞争,抑制了企业竞争力的提升。

4.3.2 支持方式对财政支持政策绩效的影响

当前我国财政支持农业企业与农业关联企业的方式多样,支持对象广泛。在农业企业方面,财政支持方式包括财政补贴、专项补助、税收优惠等,具体内容有专项补贴、科技支持、设施支持、项目支持、金融支持、税收减免和品牌扶持、农业科技示范区建设、实施农业科技人才工程等支持政策。在其他农业关联企业方面,财政支持方式包括政府采购、财政补贴、财政专项资金(例如固定资产更新改造、科技创新、科技引导资金、中小企业信用担保资金、地方特色产业中小企业发展资金、创业孵化财政引导资金、产业园建设发展资金等)、财政贷款支持、降低税率、税收减免等。财政支持方式对财政支持政策绩效的影响可以表现在以下方面。

第一,资金获取方面。财政贷款支持将有利于企业以较低的成本获取金融资金,从而降低企业经营成本,使企业在市场竞争中具有成本优势,提高了企业产品的市场竞争力。与此同时,企业可以从金融市场上获取更多的资金,有利于企业扩大经营规模,获取规模经济,促进企业绩效的提高。

第二,政府采购方面。政策采购是政府和各级机构为满足公共服务项目的需要,利用财政资金购买产品和服务的市场化行为。当前我国政府和各级机构的工程项目、固定资产购置一般面向社会进行采购招标。政府采购这一特殊的财政扶持工具有利于促进企业产品销售,获得更多的客户资源,在一定程度上会影响企业经营,对企业经营和技术创新等方面具有导向作用。因此,政府采购可以增加企业当年经营业绩,提高企业绩效。由于中小企业与大型企业在资本投资回报率和规模报酬等方面存在差异,因此,政府采购选择不同规模的目标企业将会给企业带来不同的政策绩效。一般说来,中小企业处于资本边际报酬递增阶段,而大型企业资本边际收益往往处于递减阶段,中小企业资本的边际收益要大于大型企业的资本边际收益,因此,财政若加大对中小企业的政府采购,将有利于提高财政支持政策绩效。

第三,财政专项资金扶持方面。财政在企业固定资产更新改造、技术进步和创新等方面的专项支持资金,可以促进企业技术进步,提高企业核心能力,提高企业产能和产品品质,帮助企业打造核心竞争力。因此,财政专项资金扶持政策对于提高企业市场竞争力、促进企业持续成长具有重要的推动作用。

第四,财政补贴方面。财政补贴是财政扶持工具中的另一个重要方式。根据财政补贴的目标和形式分类,财政补贴可以分为价格补贴、财政贴息和企业亏损补贴,还有一些其他财政专项补贴,例如政府根据农业企业经营规模(种植面积、畜牧业的养殖规模等)对农业产业化龙头企业的财政补贴,等等。政府对企业财政补贴政策的使用往往集中在特殊行业以及保护弱质产业、支持战略性新兴产业发展。有关财政补贴政策绩效,学术界有不同观点,有研究认为,财政补贴有利于促进就业、提高纳税能力(唐清泉等,2007),财政补贴金额与企业的长期发展有明显的同方向关系(刘辉,2010),盛敏(2005)认为,财政补贴对一些亏损与暂停上市边缘的企业具有良好的帮助作用。也有研究认为,财政补贴对企业绩效具有负向影响。沈晓明(2002)认为,若政府财政补贴运用不当,会在一定程度上削减企业的竞争力,例如无偿性的补贴会给企业带来惰性,虚构企业利润组成部分并养成偏好,妨碍企业法人治理结构的完善改革。王昌(2009)研究认为,政府对于农业上市公司的税收补贴等措施,在短期效应内虚增企业的收入,对企业盈利能力没有显著的正面效应,财政补贴在一定程度上导致了企业寻租,没有促使企业提高自身经营能力。财政补贴有可能导致资源价格的扭曲,不利于资源的市场优化配置,违背了公平竞争的原则,恶化了市场竞争环境,降低了资源使用效率,最终不利于企业竞争力的提升。

第五,税收减免等税收优惠政策方面。财政支持政策也将直接或间接对企业绩效产生影响。研究表明,税收优惠政策对企业的经营效率和盈利能力有一定的影响,但影响不显著,虽然会在短期内对企业经营绩效带来一定促进作用,但从长期看,容易导致企业高管对补贴收入进行寻租,忽略提高企业能力,抑制企业进取心,不利于企业经营绩效和竞争力的提高(林汶樱等,2014);王昌(2009)通过研究认为,税收优惠对农业上市公司盈利能力有显著的影响,但对发展能力没有明显影响。冷建飞(2007)通过实证研究补贴政策对上市公司盈利能力的影响,发现税收优惠对上市公司盈利能力影响显著。还有一些学者通过对农业上市公司的实证分析,发现我国农业上市公司财税补贴扶持政策缺乏效率(林万龙 2004;邹彩芬,2006;彭熠,2009)。综上所述,税收减免优惠政策对企业绩效具有一定的正向作用,但也会带来不利影响。

第六,财政对创新服务平台与科技创新园区建设支持方面。财政支持创新服务平台与科技创新园区建设,是间接加大对农业企业和农业关联企业的支持,其对企业绩效将产生直接或间接的影响。创新科技园区及高新区在创新环境、人才聚集、公共服务和政策支持等方面具有独特的优势,可以为企业的创新活动及发展提供良好的平台和条件。发挥平台的服务功能,完善园区内基础设施的配套工作,做好相关产业的规划,吸引更多的创新型人才,可以为企业提供资金、人才和项目的全方位服务,实现"产、学、研"紧密、系统的合作,提升企业创新的能力。

第七,财政支持企业品牌建设方面。如何提升企业市场竞争力,是所有企业面临的重大课题,实施品牌战略是提高企业产品市场竞争力的重要手段和战略。为提高企业竞争力,财政对一些企业品牌建设方面进行了支持。有研究认为,品牌扶持政策对农业企业技术效率没有显著影响(李道和,2013),政策对企业绿色品牌的支持政策对企业绩效没有明显影响(张明林等,2016)。

4.3.3 财政资金管理体制对政策绩效的影响

第一,政府财政资金多头管理的不协调对财政支持政策绩效会产生影响。在国家有关农业企业财政扶持资金的管理体制中,基本上都是政府在唱主角。例如,农业企业财政扶持资金的运作管理往往涉及国家多种部门,包括财政部、发展和改革委员会、农业农村部、工业和信息化部、农业综合开发办公室等,这些机构之间存在着不同的隶属关系和相互支持关系,而农业财政扶持效应的发挥在很大程度上取决于上述多个国家部门之间的相互配合协调,若不能以统一的政策顶层设计框架为指导,那么扶持政策的发挥效果往往会打折,从而违背了国家对农业企业财政支持的政策初衷。另外,多头管理也限制了农业企业享受政策的便利性,增加了获取政策受益的机会成本(王红,2014)。

关于农业企业扶持资金的使用,国家通过顶层设计,制定扶持资金的规模和政策方向,政策的科学性和有效贯彻决定了扶持政策绩效的发挥效果。参与扶持农业资金的管理部门众多,且各自有着不同的管理分工,大致如表4-3所示。

表 4-3 政府机构在农业企业财政扶持资金管理分工

部　门	管理职责
财政部	负责农业综合开发管理工作,负责编制农业综合开发资金总体预算,并负责资金的总体安排、分配和监督管理工作
国家发改委、国家科技部、国家环境保护总局	既制订资金使用规划、确定资金扶持项目,又拥有资金的分配职能
国家农业部、水利部、商务部、国务院扶贫办	既指导农业产业发展,又分配和管理农业财政资金。这样的管理机制,可能会对农业企业财政扶持资金的使用绩效产生负面影响

从上述职责分工表中可以看出，对于农业企业和其他农业关联企业财政扶持的资金，由多部门分散管理，每个部门均有不同资金规模的分配权限和审批职责，整体的资金扶持效应会被不同部门的分裂执行所弱化，再加上各部门在资金获取上设置的申报条件标准不同，又进一步弱化了政策执行的整体效果。

此外，在农业企业获取财政资金的项目申报上，许多项目往往需要在不同部门间来回进行项目申报，由于信息的不对称，广大中小农业企业难以及时掌握整体项目申报的流程和政策的全面性，致使一些符合条件的中小农业企业没能及时申报项目。对于政府机构来讲，不同的涉农财政支持部门未能建立常态化的沟通协调机制和信息共享平台，从而导致某些企业同一项目在不同部门进行重复申报立项，致使财政资金扶持出现不公平和浪费现象。在扶持资金的管理上，由于管理部门多，在后期扶持资金的使用过程中容易出现部门间追责不清、部门监督成本过高、财政资金使用监督不力、放任自由等现象。很多企业在获取财政资金后，往往会改变资金用途，规避政策监督，扶持资金在效果评价上往往失真，财政支持效率偏低。

第二，政府部门利益驱动影响财政支持政策绩效。在财政扶持资金的后期使用上，地方政府作为其中的一个关键角色，其作用往往不可忽略。地方政府是财政资金拨付权的具体实施者，地方政府行为和财政资金的合理实施决定着资金最后的使用。但在实际中，地方政府出于考虑自身政绩的特殊原因，在政策的执行上，往往会打折扣或规避监管，选择性地执行扶持资金政策，表现较为突出的方面就是在扶持资金的下拨过程中要求地方进行一定比例的配套投入资金，地方政府对这一部分资金的执行落地常常有选择性地执行，使得整体扶持企业资金的规模往往停留在政策层面，企业实际获得的扶持资金较少，以上出现的这些现象降低了财政扶持农业企业政策的绩效。

同时，现实中许多财政政策的出发点具有长期性，前期的制定、后期的实施政策效果往往需要3—5年的时间跨度才能得到体现，这与政府机构官员的任期较短出现错位,由于政府官员追求任期内的考核目标,对于超过官员任期的财政项目实施缺乏足够的动力,致使时间周期较长的财政政策往往流于形式,不能有效贯彻。对于农业企业的政策扶持,尤其区域龙头企业的扶持政策,其政策效应表现在企业规模扩大、惠及更大范围农户发展、企业结构转型升级、区域产业生态环境的改善等方面,这些指标一般需要较长的时间内才能实现,这一客观现实与当地政府官员的业绩考核目标不一致,这也就降低了政府部门对农业企业扶持政策实施的积极性,具体表现为在扶持资金使用和政策审批项目上,政府会倾向于短期有绩效的产业项目,而需要长期扶持的农业龙头企业财政项目会被削弱。

第三,农业企业财政扶持资金使用出现偏离,财政支持资金监管制度有待进一步完善。在财政资金获取后,很多企业在使用财政扶持资金时,规避项目申报时资金使用范围的约束。在项目资金使用上,政策定向支持企业用于固定资产投资、技术研发等用途较为普遍,但申报成功的企业则把这一部门收益作为额外利润收入,进行投资理财、转移支付等其他用途,巧立名目,规避政策资金监管。有些农业产业化龙头企业在申请到财政扶持资金后,并不履行自己的责任,不遵守要把资金用于带动农村经济发展的规定,既不与农户建立常态化合作关系,在业务合作上也缺乏契约精神,更有甚者在申报项目时,对所提供的数据资料进行造假,骗取政策补助或应付审查。在政府监管上,政策扶持资金来源的多元化,导致了多部门对此进行跟踪监管却最终无人监管的现象。

第四,财政对企业的补贴目标与补贴方式不匹配,影响财政支持政策绩效。国家制定财政支持政策,综合考虑了经济、政治、社会等诸多因素,基于此,财政支持企业资金的投入呈现出分散化格局。支持政策由多个部门分管,相应的支持资金由各职能部门分割,各项政策之间缺乏整合,这就造成了政出多门、项目重复、标准各异等管理矛盾。以农业企业财政补贴为例,财政支持农业企业资金还被中央、省、地市、县各级政府纵向分割。政策结构分散,不利于新型农业企业的发展。另外,支持方式也未能与时俱进。现行财政补贴的种类繁多,如良种补贴、粮食直补、农机具购置补贴等等,共有 20 余种,大部分补贴是按土地承包关系直接发放给农民,而农业企业并未真正得到应有的补贴,这也背离了财政支持农业企业的初衷。

第五,财政支持与金融支持不协调影响财政支持政策绩效。在对企业的支持上,还存在一个问题即财政支持与金融支持配合不默契,从而降低了政策扶持效果。以财政支持农业企业为例,财政支持政策涉及财政局、农业局、水利局、发改委等多个政府职能部门,而金融支持则涉及商业银行、政策性银行和保险机构等,总体上涉及的部门多,协调难度大。政府部门制定政策时较少寻求相关金融机构配合,未能将财政支持资金与金融资本统筹起来进行规划,而金融部门做出决策时也较少考虑财政支持政策。根据我们对企业的调查,农业银行包括农业发展银行一般不愿意给农业龙头企业固定资产及其更新改造长期贷款,原因在于农业企业市场风险高,除非有国家财政项目支持配套,并且还需要企业有信用担保,才会对企业固定资产投资进行放款。以江西省某陶瓷科技企业为例,该企业是国有中小企业。2012 年,该企业对固定资产进行更新改造,因此获得了国家有关部门约 1800 万元财政支持审批立项,为获得银行对固定资产更新改造的支持,该公司在上级集团公司的担保下,最终获得银行 4000 万元的长期贷款,从而成功地实现了企业的固定资产和技术的更新改造,实现了固定资产技术升级,大大提高了企业产能,极大地降低了生产成本,为提高产品市场竞争力起到了重要的积极作用。由此可见,财政支持只有与金融支持政策形成合力,才能在企业绩效上发挥重要的作用。许多企业难以从银行部门获得长期的贷款资金支持,而政府财政支持力度较小,两者之间配合程度不高,难以形成合力,影响了财政支持农业企业的绩效。

4.3.4 产业特性、企业技术效率和规模效率对财政支持绩效的影响

财政支持政策绩效还受到产业特性、企业技术效率、规模效率和企业家才能等

因素的影响。众所周知,农业是国民经济基础产业,农业深受自然风险和市场风险双重风险的影响,农产品价格具有"蛛网"特征,市场波动大,农业是弱质产业,其投资回报率低。因此,世界各国都对农业进行财政支持。农业企业尤其是农业产业化龙头企业是农业发展的重要主体,是现代农业建设的核心力量。与其他产业中的工商企业比较,农业企业同时面临自然风险和市场风险,因此,财政支持农业企业发展,对农业企业实施保护,也是世界各国普遍实施的一项政策。同时,财政支持农业企业绩效一般偏低,这是由农业产业特性决定的。对于其他工商企业,例如制造业、医药科技企业,这些企业投资回报率高,财政对这些企业的支持政策绩效也普遍较高,尤其是一些第三产业企业,例如物流企业、信息科技企业等,这些企业投资回报率高,相应的财政支持政策绩效也偏高。另外,对于信息、新能源、新材料、生物科技等战略性新兴高科技企业,这些企业代表了未来产业、科技的发展方向,但是这些企业从事的是高风险行业,需要国家财政予以大力支持,从国家产业政策实施效果看,财政支持对于促进这些战略性新兴产业发展具有重要的积极作用,对于提高这些行业中的企业生产能力和创新能力以及推动企业成长,无疑具有重要的作用。

另外,财政支持企业政策绩效还与企业的技术效率和规模效率密切相关。从企业内部管理视角看,企业生产技术、生产要素的匹配是否合理和优化将对财政支持效果产生影响,若企业能把财政资金以最小的投入获得最大的产出,则企业的技术效率达到最优,财政政策获得高绩效;反之,低技术效率将使得财政支持政策获得低绩效,因此,企业技术效率影响财政政策绩效。企业的规模效率也影响财政政策绩效,当企业处在规模效率递增阶段,增加财政投入,会取得更多的政策绩效;反之,当企业处在规模效率递减阶段,财政投入取得的绩效就偏低。当前我国财政支持政策聚焦于大型企业尤其是上市公司,它们获得的财政支持要远远大于中小企业,其原因在于这些大型企业一般拥有较高的技术效率和规模效率,因此,同样的财政资金投入到大型企业获得的企业绩效一般要大于中小企业。但是,部分大型企业处在规模效率递减阶段,相同财政投入取得的企业绩效往往会低于中小企业效率,事实上,许多中小企业往往具有很高的报酬递增效率。因此,财政支持企业政策应该考虑到企业的技术效率和规模效率,政府应该优化财政支持企业结构,加大对效率高的中小企业的财政扶持力度,以提高财政支持企业政策效率。

最后,企业家管理才能也是影响财政支持企业政策绩效的一个关键因素,财政支持企业资金最终必须通过企业家的管理才能转换为企业生产力和竞争力,高企业家管理才能将提高财政政策绩效;反之,低企业家管理才能将降低财政支持企业政策绩效。因此,政府在确定财政支持企业对象时,有必要对企业家管理才能进行评估,企业家管理才能主要体现在企业管理和企业绩效方面,通过对企业管理和绩效进行评估,然后根据评估状况确定支持目标企业,只有这样才能促进财政支持政策绩效的提高。

5 **基于 C-D 函数的农业关联企业**
要素投入效率分析

5.1　模型与变量选择

5.1.1　模型选择

柯布-道格拉斯生产函数(C-D 函数)是经济学中使用最为广泛的生产函数,由美国数学家柯布(C. W. Cobb)和经济学家道格拉斯(F. H. Douglas)根据 1899—1922 年间美国制造业部门的有关数据构造而来。尽管亥模型受到 Fisher(1992)、Harcourt(1972)、Samuelson (1979)等学者的质疑,但国内外众多学者对生产函数进行了改进,并进行了广泛的应用。C-D 函数的一般形式为:

$$Y = A(t)L^{\alpha}K^{\beta}\mu \tag{5-1}$$

Jaffe (1996)为了更有效地对知识溢出进行衡量和测度,提出纳入另外两种投入要素的 C-D 函数模型,具体表达式为:

$$Y = AC^{\alpha}L^{\beta}K^{\gamma}e^{\lambda t+\mu} \tag{5-2}$$

式中,A 是常数项,C 代表资本投入,L 为劳动力投入,K 表示知识等水平,t 为时间,e 为自然对数底数,$\alpha,\beta,\gamma,\lambda,\ t,\mu$ 是待估计的参数。

因需要通过对样本数据进行线性回归分析,得出各个待估参数的值,为下文的分析奠定理论基础,为此对公式两边同时取对数,做如下的对数变换:

$$\ln Y = \ln A + \alpha \ln C + \beta \ln L + \gamma \ln K + \lambda t + \mu \tag{5-3}$$

本研究借助两种投入要素的 C-D 函数模型应用到财政扶持投入产出分析。原因基于以下两点：首先，由于财政扶持活动的投入产出具有经济学中生产一般产品的投入产出性质，因此本研究也采用这一函数模型；其次，C-D 函数自提出以来，在研究经济活动投入产出效率时得到广泛的应用，在经济活动分析中具有重要的地位，因此适合进行财政扶持投入产出分析。

$$\ln(Y_{ikt}) = \alpha_t \ln(C_{ikt}) + \beta_t \ln(L_{ikt}) + \gamma_t \ln(Gov_{ikt}) + \varepsilon_{ikt} \tag{5-4}$$

式中，下标 i 代表测度单元；k 表示行业（企业）；t 为时间；Y 是企业的营业收入；C 是资产投入；L 是劳动力投入；Gov 是财政扶持金额；ε 是随机误差项。

5.1.2　变量选择

运用 C-D 函数进行解释分析首先要确定相关的投入产出变量，也就是生产函数模型中的解释变量（自变量）和被解释变量（因变量）。本书将自变量和因变量等设计如表5-1 所示。

表 5-1　变量设计

	变量名称	符号
被解释变量	营业收入	Y
解释变量	总资产	K
	财政扶持	G
	劳动力	L
控制变量	行业	k

（1）被解释变量

由于生产函数的特殊要求，需选择一个能有效反映上市公司总体效应水平的产出变量用于生产函数模型，营业收入最直接的作用是反映公司产品或服务的产出情况，从而影响公司的发展，因此选择营业收入作为被解释变量对财政扶持进行解释是合理且符合本研究的研究目的的。

(2)解释变量的设计

解释变量即为 C-D 函数模型中的投入要素和其他作用要素,本书选择了资产、劳动力、财政扶持;同时,为了更好地比较研究农业企业和其他农业关联企业的财政扶持政策,分析其机制及主要影响要素等,还应考虑到一些行业特征会影响产出大小这一因素,由此选取了行业分类作为控制变量。

5.2　实证分析

5.2.1　样本选择和数据来源

本书以 2011—2015 年沪深证券市场农业关联企业的上市公司为研究样本。为保证研究样本的有效性,对样本做如下筛选:(1)由于财务数据的不同含义,同时为了使研究具有可比性,我们选择的行业是基于农业产业链视角下的农业企业和其他农业关联企业,涉及的行业分别为农业、林业、畜牧业、渔业、农产品加工业、食品制造业、仓储业、物流业、餐饮业等九大行业;(2)为保证研究样本相同的环境,本研究剔除了发行 B 股、H 股的企业;(3)剔除了 ST 和 * ST 状态的企业,其投资决策明显异于正常经营上市企业;(4)剔除了所需数据缺失的企业样本和部分数据明显不符的企业样本。

本书实证分析的上市企业财务有关的数据主要采自 CSMAR 数据库和巨潮资讯网,有关统计数据主要来自《中国统计年鉴》,按照中国证监会公布的《上市企业行业分类指引》(2012)的标准进行行业分类,最终得到样本企业——111 家上市公司连续 5 年的年度观察值数据。

按照中国证监会公布的《上市企业行业分类指引》(2012)的标准,本书中的农业企业是农林畜牧渔门类中的农业行业上市公司共 13 家,林业行业上市公司共 5 家,畜牧业行业上市公司共 10 家,渔业行业上市公司共 10 家。此外,还有 36 家农产品加工行业上市公司,20家食品制造业上市公司,5家餐饮行业上市公司,6家仓储行业上市公司,6家物流行业上市公司。根据当前我国三次产业的划分标准,农林牧渔业企业是第一产业,农副产品制造企业属于第二产业,餐饮、仓储、物流等企业属于第三产业。因此,观察样本不仅涵盖三次产业,而且在同一产业链上具有很强的可比性,采用该样本研究财政对农业企业和其他农业关联企业的支持,其结论具有很强的普适性。

5.2.2　模型估计

如图5-1所示,根据散点图判断,模型没有明显的异方差问题。如表5-2所示,各年度中各行业除了个别年份拟合优度为0.52,略为偏低,其他年份模型都具有较高的拟合优度,有的 R^2 甚至高达0.99,这说明回归效果比较理想。为避免多重共线性的问题,本模型采用逐步回归法,模型的D-W值均大于1.55,接近2,这可以近似说明变量之间没有明显的序列相关。

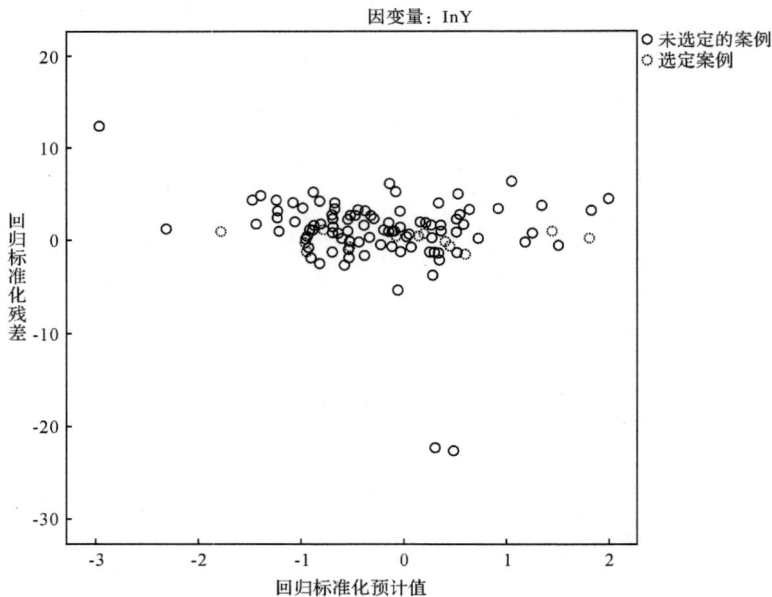

图 5-1　散点图

表 5-2　回归分析结果

行业	变量	非标准化系数					显著性（P 值）				
		2011 年	2012 年	2013 年	2014 年	2015 年	2011 年	2012 年	2013 年	2014 年	2015 年
农业	$\ln L$	0.073	0.181	0.119	0.226	0.224	0.594	0.186	0.339	0.079	0.340
	$\ln C$	1.12**	0.862**	1.06**	0.820**	0.840*	0.001	0.003	0.001	0.002	0.048
	$\ln G$	−0.024	0.199*	−0.29	−0.097	−0.062	0.812	0.091	0.749	0.355	0.734
	R^2	0.956	0.959	0.960	0.944	0.871					
林业	$\ln L$	0.078	0.163	0.046	0.268	0.367	0.992	0.990	0.852	0.653	0.578
	$\ln C$	0.845**	−0.945	1.80**	1.01**	1.13*	0.000	0.956	0.000	0.011	0.005
	$\ln G$	0.302	1.09**	−0.180	0.034	−0.133	0.969	0.000	0.654	789	0.629
	R^2	0.999	0.999	0.999	0.999	0.947					
畜牧业	$\ln L$	0.350	0.890*	0.728*	0.789**	0.360*	0.129	0.036	0.011	0.001	0.044
	$\ln C$	0.674*	0.063	0.214	−0.026	1.03**	0.017	0.884	0.530	0.889	0.001
	$\ln G$	−0.069	−0.065	0.210	0.329*	−0.323	0.528	0.716	0.336	0.043	0.037
	R^2	0.951	0.855	0.905	0.923	0.911					
渔业	$\ln L$	0.651**	0.490	0.865*	0.995**	0.940*	0.033	0.111	0.028	0.001	0.021
	$\ln C$	0.175	0.169	0.180	−0.086	−0.273	0.606	0.661	611	0.674	0.390
	$\ln G$	−0.033	0.046	−0.154	0.142	0.118	0.819	0.732	0.632	0.293	0.483
	R^2	0.854	0.839	0.747	0.899	0.729					
农产品加工业	$\ln L$	−0.309	0.637**	0.469**	0.501**	0.719**	0.569	0.000	0.001	0.001	0.001
	$\ln C$	1.181**	0.576**	0.683**	0.654**	0.614*	0.001	0.010	0.001	0.002	0.028
	$\ln G$	0.008	−0.021	0.093	0.064	−0.027	0.978	0.661	0.013	0.133	0.844
	R^2	0.654	0.796	0.850	0.850	0.777					
食品制造业	$\ln L$	0.418*	0.493**	0.474*	0.289*	0.416*	0.023	0.004	0.011	0.059	0.006
	$\ln C$	0.681**	0.620**	0.656**	0.848**	0.875**	0.003	0.003	0.004	0.000	0.000
	$\text{Ln}G$	0.094	0.075	0.055	0.066	0.015	0.436	0.308	0.608	0.582	0.841
	R^2	0.926	0.904	0.893	0.902	0.942					

行业	变量	非标准化系数					显著性（P 值）				
		2011 年	2012 年	2013 年	2014 年	2015 年	2011 年	2012 年	2013 年	2014 年	2015 年
仓储业、物流业①	$\ln L$	0.745	0.837*	1.099*	1.16**	0.992*	0.260	0.033	0.014	0.004	0.010
	$\ln C$	0.491	0.749*	0.816*	0.711*	0.882*	0.320	0.038	0.018	0.021	0.044
	$\ln G$	−0.130	0.248	0.66	−0.04	0.253	0.894	0.362	0.889	0.818	0.247
	R^2	0.644	0.886	0.912	0.917	0.874					
餐饮业	$\ln L$	0.678	1.423*	0.969	1.50	−1.3	0.324	0.025	0.508	0.767	0.563
	$\ln C$	0.928	1.125*	0.950	0.923	0.397	0.498	0.029	0.657	0.815	0.534
	$\mathrm{Ln}G$	0.142	1.613*	−0.422	0.802	−0.91	0.700	0.043	0.679	0.887	0.391
	R^2	0.909	0.999	0.517	0.521	0.840					

注：* $p<0.1$，** $p<0.05$。

5.2.3　回归结果分析

（1）各行业回归结果分析

表 5-2 回归结果显示，各个行业各变量的弹性系数差异较大，对产出的贡献作用不同。2011—2015 年资产存量对企业营业收入作用最明显的行业是农业，其弹性系数分别为 1.12、0.86、1.06、0.82 和 0.84，财政支持除了个别年份对当年营业收入具有明显影响之外，其他年份的财政支持对企业当年营业收入没有明显影响；林业除了 2012 年资产的弹性系数不具有显著性外，其他年份弹性系数分别为 0.845、1.80 和 1.01；财政支持只在 2011 年和 2015 年对畜牧业起到了明显的带动作用，弹性系数分别为 0.674 和 1.03；对渔业而言，资产存量对企业营业收入并没有显著的作用，但劳动力投入对企业营业收入具有显著的作用；对于农副产品加工业而言，不仅资产对企业的营业收入有明显的带动作用，劳动力投入也有明显的带动作用，只有 2011 年劳动力的带动作用不明显；对于食品制造业而言，对企业营业

―――――――――――――

①　为方面解读，表 5-2 将仓储业、物流业的数据放在一起分析。

收入起到明显带动作用的是劳动力和资产,财政扶持对企业当年的营业收入没有起到明显的直接带动作用;在仓储物流业方面,对企业营业收入起到明显带动作用的仍是劳动力和资产,财政扶持对当年企业的营业收入没有起到直接带动作用;在餐饮业方面,实证结果显示,资产、劳动力的财政扶持对当年企业的营业收入都没有带动作用,可能是由于营销起到了主要的带动作用。

综上所述,从模型回归结果可以看出,固定资产投入是影响农业企业营业收入的重要影响因素。当前我国农业发展正在走出主要依赖劳动力进行精耕细作的传统农业发展阶段,进入主要依靠资产和科技投入推动农业发展的新的历史发展阶段,即向现代农业发展转变阶段。因此,资产的投入产出率较高,劳动力的作用相对偏低,有时甚至不明显,财政支持除了个别年份对当年农业产出具有明显影响外,在其他年份作用不明显。对于农产品加工等制造业和物流业,提升企业的营业收入主要依靠劳动力和资产,财政扶持对企业当年的营业收入没有起到明显直接的带动作用。总之,无论是农业还是制造业或者物流等其他产业,除了个别年份之外,财政支持对农业企业和其他农业关联企业的当年营业收入却没有明显的正向影响,原因可能是财政支持有部分最终形成企业固定资产,并通过固定资产提高企业的营业收入。

(2)财政扶持投入产出的规模报酬特点

规模报酬实际上描述的是在其他条件不变的情况下,生产要素的变化与其所引起的产出变化之间的对比关系。在 C-D 函数模型中,资本、劳动的产出弹性系数之和大于1,表明企业规模报酬递增;当其产出弹性系数之和小于1,则表示企业规模报酬递减。表 5-2 回归分析结果显示,农业企业的生产要素弹性系数小于1,这表明农业企业呈现规模报酬递减,仍以粗放型增长方式为主,还没有形成经费投入与人员投入 $1+1>2$ 的协调效应。但畜牧业、农产品加工业、食品制造业、仓储物流业企业大多数年份生产要素的弹性系数大于1,这表明这些行业中的企业具有规模报酬递增的效果,逐步形成了规模经济,企业的竞争力得以不断提升。

(3)弹性分析

模型投入变量的参数即为企业营业收入对投入要素的弹性,从回归结果来看,农业投入主要靠资产的投入,劳动力投入的影响尽管不明显,但有正向影响趋势,财政扶持有些年份对当年的企业绩效有直接的带动作用,而有些年份对当年的企业绩效影响不显著,其原因可能为财政是以科技进步和固定资产等项目方式支持企业,其政策绩效具有滞后效应,有时候对当年企业绩效没有明显影响。因此,要提高农业企业绩效,应该加大对资产等农业资源的综合利用,大力发展立体循环农业,增加对设施农业的投入,提升农业企业的经营绩效。

对于其他涉农制造业而言,经营投入主要靠资产和劳动力的投入。因此,提升劳动力的技术效率和资产的利用率是涉农制造业提升竞争优势的重要方式。

5.3 财政扶持农业企业与农业关联企业的滞后效应分析

前述应用 2011—2015 年我国农业类上市公司和制造业等农业关联上市公司的面板数据,按照中国证监会公布《上市企业行业分类指引》(2012)的标准,从整体上分析了财政扶持、总资产和劳动力投入对企业营业收入的影响,那么农业上市公司和农业关联上市公司在收到各级政府的财政补贴后是如何影响企业营业收入的呢?其演变趋势是怎样的?财政扶持、总资产和公司的劳动力投入在影响我国上市公司营业收入的同时,又有着怎样的内在关系?我们有必要对此加以细化分析。同时,由于财政扶持对公司营业收入的影响是一个渐进过程,财政支持企业一般是通过对企业进行技术改进、固定资产投资、企业品牌建设等多种投入,这些财政投入需要经过一定时间才能转化成生产力,通过提升企业竞争力、降低成本、提高效率,从而增加企业产出。因此,财政支持企业的政策绩效一般难以在当年转化为产出,其政策绩效往往具有滞后效应。为深入研究财政支持农业企业与农业关联企业的政策绩效,本书采用 2011—2015 年的上市公司的面板数据实证分析财政支持农业企业与农业关联企业政策滞后两个年度的绩效,运用 C-D 函数模型对财政支持政策的滞后进行实证分析,回归结果如表 5-3 所示。

表 5-3　财政扶持的滞后回归结果

变量	模型一:农业企业			模型二:农业关联企业		
	弹性系数	标准误差	显著性(P 值)	弹性系数	标准误差	显著性(P 值)
$\ln C$	0.346	0.545	0.548	0.759***	0.104	0.000
$\ln L$	0.251	0.236	0.329	0.607***	0.080	0.000
$\ln G$	0.108	0.230	0.655	−0.152	0.064	0.402
$\ln(G_{-1})$	−0.275	0.242	0.299	0.141**	0.049	0.012
$\ln(G_{-2})$	0.342	0.280	0.268	0.096*	0.055	0.084
R^2	0.899			0.810		

注:* $p<0.1$,** $p<0.05$,*** $p<0.01$。

从表 5-3 可以看出,模型一农业类上市公司的营业收入在加入滞后变量后,资产对营业收入的弹性系数大幅下降,显著性(P 值)指标由显著变成不显著,且滞后变量不显著,造成这一现象的原因可能有以下几方面:一是会计数据处理引起的,由于本书应用的财政扶持数据是根据上市公司的会计准则要求计入当期的非经常性损益和延递收益,这些数据是发生在当期的收益,直接对营业收入产生影响,有效剔除了滞后效应;二是把所有农业类上市公司聚合在一起做回归分析,由于农业内部产业结构中的农林牧渔业上市公司资产、劳动力和财政支持等要素产出效率各不相同,相差较大,农业类企业数据集合在一起使得要素产出效率相互抵消,从而导致资产、财政支持等要素投入对当期乃至滞后时期的农业企业营业收入没有明显的影响;三是营业收入有可能受系统性风险的影响,产品价格的变动、并购原因及其农业企业不相关多元化战略引起企业的资产变动,滞后因素与产品价格波动相互对冲导致统计效果表现不显著,抑或是财政扶持与营业收入的比例过低的可能原因;四是农业企业还受非系统性风险的影响,自然灾害等因素会导致农业企业的营业收入发生变动。

模型二回归结果显示,农业关联企业上市公司的营业收入在加入滞后变量后,资产和劳动力投入对营业收入的弹性系数显著,且弹性系数与无滞后因素基本相同。财政扶持表现为初始年不显著,表明财政支持对当期的企业营业收入没有显著影响。但是,财政扶持政策对滞后一年的企业营业收入具有明显的正向影响,对滞后一年的企业产出具有显著作用,发挥了增值效应;滞后两年的财政扶持政策对企业营业收入仍然具有显著的正向影响,但其影响减弱,扶持政策绩效呈现衰退现象,财政扶持的效应逐渐失效。财政支持农业关联企业的政策绩效实证结果表明,财政扶持政策在一定程度上对农业关联企业绩效起到了提升作用,但这种提升作用更多地表现为滞后效应,并且,滞后效应呈逐年递减趋势。财政支持政策在滞后期可以提升企业绩效,但从长期看,农业关联企业成长的关键是企业自身能力提升,尤其是产品竞争力和企业家管理能力的提升。尽管财政支持政策有其局限性,但是我国财政扶持政策在帮助企业进行固定资产更新改造、促进企业技术进步和创新、推动企业成长等方面也发挥了积极的作用。从企业长远发展来看,只有通过技术进步、人才培养、打造企业核心竞争力并持续创新才是企业发展的长远之策。财政扶持只能在短期内起到辅助作用,各级政府应该根据宏观经济政策目标,明确财政补贴支持目标,有的放矢,发挥财政支持合力,瞄准财政支持重点,在涉及企业长期发展、有利于提升企业核心竞争力、促进科技进步等重点领域,加大对企业的财政支持力度,促进企业持续成长。与此同时,要完善财政支持资金的监管体制,加强对财政资金使用的监管力度,防止企业形成对财政支持的依赖症,提升财政支持政策绩效。

5.4　启示

5.4.1　改善财政扶持体系,实现精准扶持

上述实证分析可以给我们如下启示:农业企业产出主要依靠资产的带动,虽然农业企业的产出有时候受土地的约束,但农业的产出越来越依赖资产和科技的投入。一直以来,政府在农业企业基地建设方面投入了大量的财政资金,按基地规模支持农业企业已经成为财政支持的重要方式。实证研究表明,资产对农业企业产出发挥了极其重要的作用,因此,财政扶持应该改变传统的粗放的支持方式,将原来的"大水漫灌"形式改为"滴水蓄灌"形式,加强对农业企业固定资产和技术进步等项目的扶持补助力度,从提升土地的利用率角度制定财政扶持政策,加快传统农业的改造,调整产业结构,加快立体循环农业的升级改造。对林业企业重点从提升全产业链的视角补助关键技术创新,推动技术升级。对畜牧业的财政扶持从固定资产和技术改造入手,对实施生态养殖技术的企业加大固定资产和技术进步的补助力度,促进生态技术升级,同时进一步加大对人力资本尤其是技术人员的培训支持力度,提高劳动力产出效率。对涉农业制造业的扶持重点是加强对企业固定资产和科技进步的专项补助。

5.4.2　加强财政扶持的监管,确保专款专用

根据上市公司的信息披露,从事多元化经营的某些企业由于受各种因素的影响,会将专项扶持资金转移他用,导致企业的经营效率难以提升,造成财政扶持资金的浪费,依靠政府补助美化财务报告,成为"僵尸企业",相关部门应该建立相应的财政支持资金的组织监管体系,加大事中控制,探索引入负面清单管理模式,及时发现问题,实行事前预警,事中控制的监管模式。

6 农业关联企业经营效率的 DEA 分析

6.1 数据包络分析概述

数据包络(Data Envelopment Analysis, DEA)分析是将经济、数学与管理的概念与方法有机结合,形成具有特色的理论和模型方法。它是利用线性规划,根据多项投入指标和多项产出指标,对具有可比性的同类型单位进行相对有效性评价的一种数量分析方法。该方法被广泛应用于许多行业和部门的投入产出效率评价,并且在处理多指标投入和多指标产出方面显示出强大的优势,其具有代表性的数量模型有 CCR、BCC、AR 、CC、ST 等。迄今为止,DEA 理论、模型方法及其应用还在不断地发展和完善。

本书采用输出模型。模型假设有 n 个部门或单位,被称为决策单位(DMU),这 n 个决策单元都是具有可比性的, 每个决策单元都有 m 种类型的输入,"输入"表示该决策单元"资源"的耗费,有 s 种类型的"输出","输出"表示该决策单元在消耗"资源"之后的"效果"。一般而言,对输入、输出的理解是,输入越小越好,而输出越大越好。设 x_{ij} 为对第 i 种输入的投入量, y_{ij} 为对第 i 种输出的产出量:

$$x_{ij} = (x_{1j}, x_{2j}, \cdots, x_{mj})T \quad j = 1, \cdots, n \tag{6-1}$$

$$y_{ij} = (y_{1j}, y_{2j}, \cdots, y_{sj})T \quad j = 1, \cdots, n \tag{6-2}$$

建立对偶规划，如下所示：

$$\sum_{j=1}^{n} x_j \lambda_j - s^+ = y_0 \tag{6-3}$$

ε 为非阿基米德无穷小，一般为 10^{-6}，$\hat{e}^T = (1, 1, \cdots, 1) \in Em$，$e^T = (1, 1, \cdots, 1) \in Es$，若 CCR 模型的最优解 θ、s^{+0}、s^{-0}，满足 $\theta = 1$，$s^{+0} = 0$，$s^{-0} = 0$ 时则称 DMU。为 DEA 有效；若仅 $\theta = 1$，则称 DMU。为弱 DEA 有效；若 $\theta \neq 1$ 且 $s^{+0} > 0$，$s^{-0} > 0$ 则称 DMU。为非 DEA 有效。θ 值越接近 1 说明该决策单元有效性越大；s^+、s^- 值越大，说明该投入或产出离有效前沿面越远。其原因可能是生产要素或资源投入过多，或者生产能力未能得到充分有效地发挥，从而导致产出不足。

设 Rjs^- 为投入冗余率，它是决策单元的投入松弛变量 s^- 与相应的投入量之比；Rjs^+ 为产出不足率，它是产出松弛变量 s^+ 与相应的产出量之比。投入冗余率和产出不足率是衡量要素或资源投入和产出状况的统计指标，依据该指标可以对企业的投入与产出情况做出准确的评价，明确企业在要素、资源投入和产出方面存在的不足，指出需要加以改进、加强管理的地方，从而为决策者提供决策参考，为企业提高经济效益提供指导。

设 $k = \sum \lambda_j$，k 表示为 DMU。的规模收益值。当 $k = 1$ 时，表示 DMU。的规模收益不变，此时 DMU。已经达到最大产出规模点；当 $k < 1$ 时，表示规模收益呈现递增，并且 k 值愈小，规模递增趋势愈大，表明 DMU。在投入 x_0 的基础上，继续增加投入量，将促使产出量以更大比例增加，但问题的关键在于找到合理的投入比例，解决投入产出中低效的环节；当 $k > 1$ 时，表示规模收益呈现递减，并且 k 值越大，则规模递减的趋势越大，表明 DMU。在投入 x_0 的基础上，即使增加投入量也不可能带来更大比例的产出，此时没有必要再增加决策单元投入。

6.2 变量选择与数据来源

根据 DEA 的基本原理，本书在涵盖农业、工业、物流、零售、餐饮业的框架下，从全产业链的视角,以九类涉农行业的 111 家上市公司 2011—2015 年年度报表为决策单元,研究中的农业企业是农林畜牧渔门类中的农业上市公司共 13 家,林业上市公司共 5 家,畜牧业上市公司共 10 家,渔业上市公司共 10 家,还有 36 家农产品加工业上市公司、20 家食品制造业上市公司、5 家餐饮业上市公司、6 家仓储业上市公司、6 家物流业上市公司。选取资产总额、财政扶持金额,在职员工数为输入变量,营业收入、营业利润为输出变量。

我们利用 DEA 软件计算出各决策单元的 DEA 有效性的评价结果,通过 DEAP 2.1 软件运算 111 家农业关联上市公司的综合效率,按照中国证监会公布的《上市企业行业分类指引》(2012)的标准,把不同行业上市公司的综合效率、纯技术效率和规模效率按照行业进行平均数处理,从而得到不同行业的综合效率、纯技术效率和规模效率。本书经过数据处理后得到了不同行业平均综合效率、纯技术效率和规模效率,如表 6-1、表 6-2 和表 6-3。

6.3　实证结果与分析

6.3.1　农业企业与其他农业关联企业的综合效率分析

2011—2015 年农业企业与其他农业关联企业的综合效率情况如表 6-1、图 6-1 所示。

表 6-1　2011—2015 年农业企业与其他农业关联企业的综合效率情况表

综合效率　　　年份 企业类别	2011	2012	2013	2014	2015
农业	0.350	0.389	0.337	0.347	0.308
林业	0.109	0.161	0.241	0.417	0.450
畜牧业	0.532	0.344	0.241	0.289	0.234

综合效率 ＼ 年份　　企业类别	2011	2012	2013	2014	2015
渔业	0.304	0.329	0.276	0.279	0.285
农产品加工业	0.540	0.596	0.603	0.592	0.565
食品制造业	0.444	0.524	0.465	0.528	0.530
物流业	0.986	0.994	0.835	0.847	0.896
仓储业	0.658	0.719	0.617	0.667	0.620
餐饮业	0.573	0.496	0.594	0.473	0.614

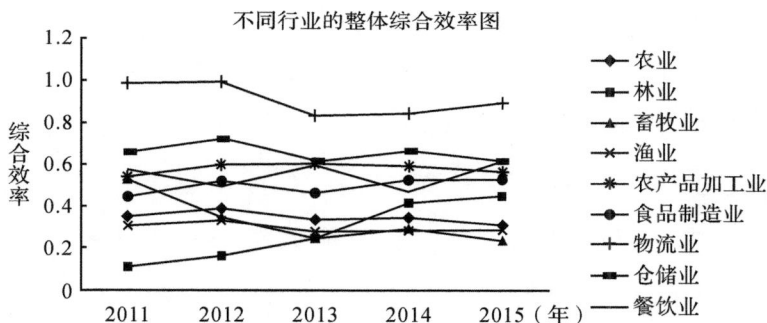

图 6-1　2011—2015 年不同行业的综合效率图

　　综合效率是对决策单元的资源配置能力、资源使用效率等多方面能力的综合衡量与评价,表 6-1 和图 6-1 表明,我国九大涉农行业在 2011—2015 年期间的技术无效性较大,农业企业的平均综合效率没有超过 0.40,这表明,与其他效率高的行业比较,农业的投入效率低,有较多的资源投入出现浪费,占了一半多,说明农业企业的整体经营属于粗放型经营,但这并非表明单个农业企业的综合效率低,例如,2015 年袁隆高科的综合效率为 0.41。然而,由于部分企业的营业利润为负,与制造企业相比效率很低,甚至低于 10%,导致整个农业行业的综合效率偏低。从宏观层面回顾近几年农业企业整体的运行状况,不难发现我国农业企业由于土壤肥力下降、单一经营组织结构、自然环境不断恶化以及自然灾害的行业特点,导致我国农业行业的整体效率水平降低。基于此,可以在给定投入水平的条件下,对经营结构做一番大调整,根据农业产品的内在循环,大力发展立体循环农业,这样才能在很大程度上提高营业收入,提高效率。

表 6-1 显示,我国林业企业的综合效率上升速度快,从 2011 年的 0.109 上升到 2015 年的 0.450,已经超过了农业企业的整体综合效率。这些变化不仅与林业企业的林权改革密切相关,还与林业企业的管理变革有关,延长林业企业的生态链,发展林下经济,调整产业结构,完善产业生态链等一系列改革对提高林业企业经济效益起到了重要作用。

"十二五"期间,畜牧业和渔业的综合效率一直走下坡路,畜牧业从 2011 年的 0.532 下降到 2015 年的 0.234,这意味着在投入中存在 70% 的浪费,这说明在整体经营上畜牧业属于粗放型,投入的资产利用率低,人力供给不足,再加上食品安全、疫病、价格波动和环保政策变化等风险因素,共同导致这一结果。

农产品加工行业和食品制造行业的综合效率一直在 0.5 上下波动,不难发现,造成这一现象的原因可能是涉农制造企业的技术创新不足、农产品市场竞争激烈以及管理制度落后等,加上近年来中国宏观经济增速持续下滑,制造业产能过剩,导致制造业的产品销售和库存压力加大,难以提升行业的整体综合效率。尽管如此,与农业企业比较,制造业企业的综合效率仍远高于农业企业,与此相对应,政府财政支持制造业企业获得的政策绩效也会高于农业企业。

表 6-1 和图 6-1 显示,与农业甚至制造业比较,物流、仓储和餐饮业具有较高的综合效率,其中物流企业综合效率最高,2011 年其综合效率达到 0.986,接近 DEA 有效,近年来,物流业综合效率略有下降,原因可能是近年来实体经济的持续下行,导致物流企业绩效下降。但是,比较而言,物流业企业的综合效率仍然远高于其他行业的企业效率。仓储业和餐饮业企业 DEA 综合效率较高,这些第三产

业企业效率在整体上普遍高于农业企业。

　　总而言之,DEA 模型实证分析结果表明,农业企业 DEA 综合效率要低于农业产业链其他农业关联企业,在其他农业关联企业中,第三产业仓储、物流和餐饮业企业综合效率要高于制造业企业。比较以上不同产业企业的综合效率,可以看出,第三产业企业的综合效率普遍高于第二产业和第一产业企业,农业企业综合效率最低,以上不同产业的企业综合效率差异,反映了第三产业特征及其变化发展规律。

6.3.2　农业企业与其他农业关联企业的纯技术效率分析

　　纯技术效率反映的是决策单元在最优规模时投入要素的生产效率,一般认为综合效率为纯技术效率与规模效率之积,因此纯技术效率可以进一步说明纯技术无效率在多大概率下引起企业的综合无效率。纯技术效率更多地反映了企业日常的管理水平和技术策略。从纯技术效率看,我国农业企业的整体纯技术效率在0.5 上下波动中整体有所提升,但我国农业企业的纯技术水平整体上偏低。如表6-2、图 6-2 所示,农业企业的技术效率呈现不断提升趋势。2011 年农业企业的技术效率得分为 0.452,而 2012 年提高到 0.552,2013 年是效率变化的转折点,之后效率又开始回升。这可能与近年来政府加大对农业固定资产的投入有一定的关系,从总体上看,大部分农业企业的纯技术效率表现出先升后降再升的趋势,这表明农业企业内部的管理效率有所提高但依然偏低,农业企业的未来发展空间大,应用农业产品的内在生态体系发展立体循环农业以及利用现有的资产提高农业企业的营业收入是今后现代农业发展的重点。

表 6-2 2011—2015 年农业企业与其他农业关联企业的纯技术效率情况

纯技术效率 \ 年份 \ 企业类别	2011	2012	2013	2014	2015
农业	0.452	0.552	0.437	0.509	0.528
林业	0.336	0.438	0.472	0.546	0.615
畜牧业	0.654	0.521	0.355	0.356	0.360
渔业	0.459	0.495	0.369	0.414	0.444
农产品加工业	0.593	0.717	0.667	0.707	0.692
食品制造业	0.533	0.624	0.530	0.615	0.614
物流业	1.000	1.000	0.846	0.860	0.943
仓储业	0.780	0.931	0.769	0.919	0.493
餐饮业	0.637	0.643	0.668	0.622	0.754

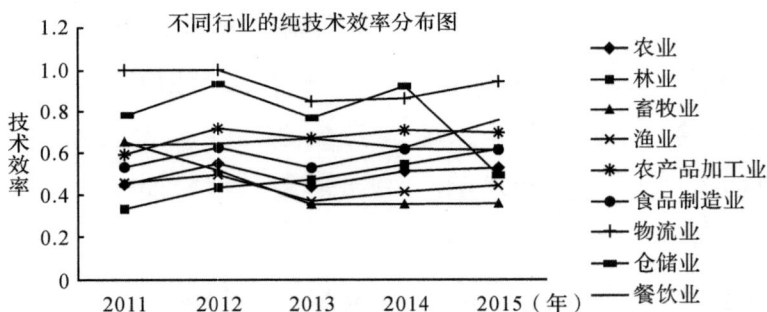

图 6-2 2012—2015 年不同行业的纯技术效率分布图

表 6-2 和图 6-2 显示,近年来,林业企业的纯技术效率快速增长,这与近年来实施林权改革有关,这也进一步表明林权改革有利于林业企业经营效率的提高,发展林业经济,完善产业生态链,明确林业产权制度,提高企业管理水平,有利于促进林业企业技术效率。

农产品加工企业和食品制造企业的纯技术效率一直在 0.6 上下波动,造成这一现象的原因可能是受行业风险与宏观经济下行影响。但作为制造业企业,其技术效率要高于农业、林业、牧业和渔业企业。近年来物流业企业表现出极高的技术效率,2011 年和 2012 年分别达到 DEA 有效,其他年份也达到极高的技术效率。仓储业、餐饮业企业也达到极高的技术效率,除了仓储业企业在 2015 年技术效率为 0.493,其他年份的技术效率都在 0.76 以上,仓储业企业比餐饮业企业表现出更高的技术效率。

综上所述,在技术效率方面,第三产业的物流、仓储和餐饮企业的技术效率明显高于第二产业的农产品加工、食品制造企业,而农产品加工和食品制造企业的技术效率又普遍高于农业企业,以上不同产业的企业技术效率差异充分体现了第三产业的特征和变化发展规律,即第二、三产业无论是在总体效率还是在技术效率上要远高于第一产业农业,二、三产业的投资回报率也远远高于第一产业农业。这表明与物流企业比较,其他行业中的企业尤其是农业企业的技术效率有较大的提升空间,有待进一步提高。

6.3.3　农业企业与其他农业关联企业的规模效率分析

规模效率是由于规模因素影响的生产效率。如表 6-3、图 6-3 所示,可以观察到我国 111 家农业企业和其他农业关联企业在 2011—2015 年间的规模效率均小于 1,除物流业接近 1 外,大多数行业中的企业规模效率在 0.8 上下波动,有些行业低于 0.6,这说明农业企业和其他农业关联企业实际规模与最优生产规模还有一定差距,规模经济现象不是很明显,规模效率还没达到理想状态。其中,物流企业规模效率在 0.95 以上,接近 DEA 有效,农产品加工、食品制造业和餐饮业企业规模效率都在 0.8 以上,具有较高规模效率,而农业企业则呈现较低规模效率。这说明工业和第三产业的企业规模效率高于农业企业规模效率,也说明农业企业效率有较大的提升空间,是未来农业企业发展的努力方向。

表 6-3　2011—2015 年农业与其他农业关联企业的规模效率情况

规模效率　年份　　企业类别	2011	2012	2013	2014	2015
农业	0.774336	0.70471	0.771167	0.681729	0.583333
林业	0.324405	0.36758	0.510593	0.763736	0.731707
畜牧业	0.813456	0.660269	0.678873	0.657303	0.802778
渔业	0.662309	0.664646	0.747967	0.673913	0.641892
农产品加工业	0.910624	0.831241	0.904048	0.837341	0.816474
食品制造业	0.833021	0.839744	0.877358	0.858537	0.863192
物流业	0.986	0.994	0.986998	0.984884	0.950159
仓储业	0.84359	0.772288	0.802341	0.725789	0.649087
餐饮业	0.899529	0.771384	0.889222	0.76045	0.814324

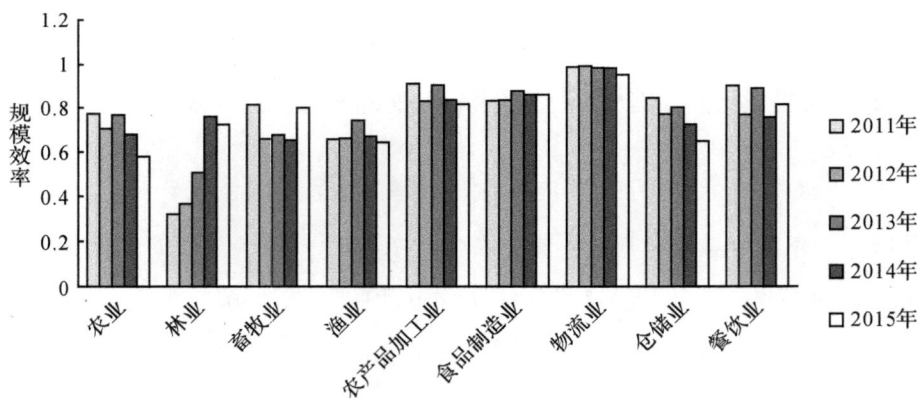

图 6-3　2012—2015 年农业企业与农业关联企业的规模效率分布图

以上分析结果表明:(1)"十二五"期间,除个别年份外,其他农业关联企业总体上处在规模报酬递减区间,这说明通过上市,其融资渠道得到了拓宽,但未能及时有效地将资金消化,使部分资源处于闲置状态,增加了闲置成本和机会成本,导致企业规模效率下降。(2)从整体上看,农林畜牧渔业的规模效率比其他行业的效率低,这与农林畜牧渔业生产环境的不稳定密切相关。众所周知,农业是弱质产业,深受自然风险和市场风险的双重风险影响,市场价格波动大,具有很高的不确定性,因此其投资回报率低下。同时,农业规模报酬不够明显也是其规模效率偏低的一个重要原因。实证结果表明,林业企业的规模效率有了明显提升,一个重要原因在于林权改革和林业经营管理的改革对林业规模效率起了重要的作用。

6.3.4　农业企业与其他农业关联企业的财政扶持效率分析

财政扶持对企业绩效的作用一直是学者们探讨的主要问题。企业得到各级政府的财政支持,对企业提升产品质量和竞争力以及增加营业收入具有多大的影响?这也是本书研究的一个重点内容。为此,本书在分析农业上市公司和其他农业关联上市公司的综合效率、纯技术效率的基础上,应用数据包络分析,采用 SBM 模型,按照前沿面企业生产效率,将不同行业上市公司中收到各级政府的财政补贴资金与企业应该给予的财政补贴资金之比作为财政扶持效率,将同一行业上市公司的财政扶持效率平均值作为行业的财政扶持效率。把选择员工数、资产和政府补助资金作为输入变量,把营业收入作为输出变量,计算出不同企业 2011—2015 年各年度的财政扶持效率,并把同一行业企业的财政扶持效率的平均值作为行业的财政扶持效率。通过实证分析,计算结果如表 6-4、图 6-4 所示。

表 6-4　2011—2015 年农业企业与其他非农业关联企业的财政扶持效率表

企业类别 ＼ 财政扶持效率 ＼ 年份	2011	2012	2013	2014	2015
农业	0.156122	0.281307	0.333317	0.294305	0.411209
林业	0.163485	0.306342	0.205362	0.245636	0.5482
畜牧业	0.280636	0.244234	0.301386	0.218224	0.332749
渔业	0.103892	0.204011	0.258506	0.204211	0.333293

财政扶持效率　　年　份 企业　类　别	2011	2012	2013	2014	2015
农产品加工业	0.352959	0.223452	0.432488	0.319396	0.48459
食品制造业	0.186735	0.253961	0.294554	0.236499	0.452693
物流业、仓储业	0.650177	0.660869	0.588056	0.483528	0.366353
餐饮业	0.313815	0.3525	0.533503	0.293934	0.472255

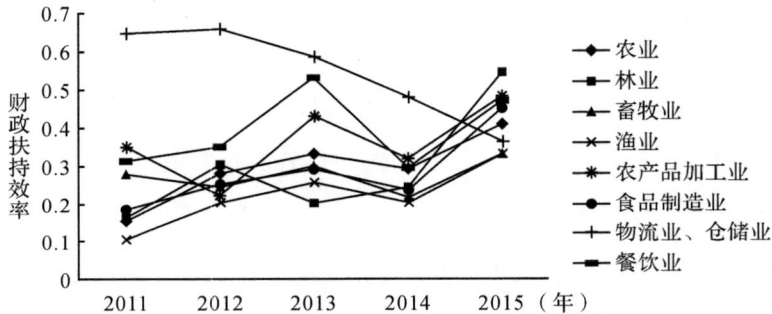

图 6-4　财政支持农业与其他农业关联企业效率

根据表 6-4 和图 6-4,我们可以发现财政支持农业企业与其他农业关联企业的政策效率具有如下几方面特征。

整体来看,2014 年,除林业外,所有行业的财政扶持效率相比 2013 年都有大幅度的下降。但 2015 年财政扶持效率大幅度上升,呈"V"型发展趋势。产生这一结果的原因极可能与国家宏观经济政策、政府推进供给侧改革和加大监管力度密切相关。物流企业的财政扶持效率下降可能的原因在于,其他行业的财政支持效率提升导致物流行业处于前沿面的企业减少,致使综合效率呈现下降趋势。但财政扶持效率超过 50% 的行业和年度较少,从整体上说明财政扶持的杠杆效率没有得到充分发挥,这是近年来我国实体经济低迷、企业绩效低下以及财政资金使用过程中出现"套""漏"等因素共同作用的结果。这同时也表明,改进财政支持方式,提高财政投入效率,把财政投入转化为提升企业竞争力,最终提高企业绩效,是政府有关部门和企业管理面临的重要问题,也是学界应该重点研究的议题。

从纵向看,农业企业和林业企业的财政扶持效率一直在增长,从 2011 年的 15.6%、16.3%分别增加到 2015 年的 41.1%和 54.8%,这说明财政扶持资金用于农业和林业企业营业收入的比例在逐年增加,但农业企业财政扶持效率没有超过 50%,也就是说一半以上的财政扶持资金投入并没有发挥效率,财政支持效率还有很大的提升空间。5 年来,畜牧业和渔业企业的财政扶持效率也在不断提高,虽然提高的幅度不大,提高的速度也比较缓慢,但这也说明未来有较大的提升空间。除了物流企业之外,其他农业关联企业的财政支持效率也在波动中不断提高,尤其是近两年提高较快。

从横向看,农产品加工、食品制造、物流和餐饮企业的财政支持效率普遍高于农业企业,其中,2011 年和 2012 年物流企业的财政扶持效率高达 0.65,相较而言,远远高于其他行业中的企业。近年来,虽然农业企业财政支持效率不断提高,但整体而言,农业企业的财政支持效率要远低于制造业和第三产业企业。这一结论与前文实证分析中其他要素投入产出效率具有高度一致性,即比较农业和其他农业关联企业可发现,其他农业关联企业的财政支持、资本等要素投入产出效率要远远高于农业企业,这与其他农业关联企业的投资回报率高于农业企业密切相关,也与三次产业特征及其发展规律相吻合。

通过以上实证分析,本书得到如下主要结论:

第一,综合效率方面。物流业、仓储业等第三产业企业的综合效率要高于农产品加工和食品制造第二产业企业,农业企业的综合效率最低。其原因在于,农业是弱质产业,投资回报率低下,因此,农业企业要素投入的整体效率远低于物流、仓储、加工制造以及餐饮等企业的综合效率。另外,随着国民经济的不断成长,农业在国民经济中所占的比重不断下降,工业和第三产业的比重不断上升,因此,物流、仓储和餐饮等第三产业企业的综合效率将不断提高,而农业因为其弱质性和不确定性,其要素投入产出的效率相对低下是经济发展的必然规律。从时间序列发展来看,近5年来,林业企业、食品制造企业和餐饮企业的综合效率不断提高,尤其是林业企业的综合效率提高幅度较大,而农业、畜牧业、渔业企业和物流业企业的综合效率在波动中呈现下降趋势,尤其是畜牧业企业的下降趋势非常明显,物流业企业综合效率虽然有下降趋势,但近两年来略有提高,渔业企业下降幅度很小,近两年来略微提升。

第二,技术效率方面。物流企业、仓储企业、农产品加工、食品制造和餐饮业等企业具有较高的技术效率,农业企业、林业企业、牧业企业和渔业企业技术效率相对低下,但近年来林业企业技术效率要高于其他农业企业。这表明,在技术效率方面,第三产业和第二产业中的农业关联企业技术效率要高于农业企业技术效率,这与三次产业特征及其变化规律相符合,同时也表明农业企业以及制造业和加工业等农业关联企业的技术效率有待进一步提高。另外,从时间序列发展来看,物流企业在 2011 年、2012 年的技术效率表现出 DEA 有效,虽然 2013 年技术效率有所下降,但近两年来有所提高。与 2011 年比较,在农业产业中,林业企业的技术效率有了大幅提高,呈现出持续提高的态势,农业企业的技术效率也在波动中有所提高,渔业企业在波动中徘徊。农产品加工企业、食品制造企业的技术效率在波动中呈现提升趋势,餐饮业在波动中有所提高,而畜牧业企业技术效率则呈下降趋势。

第三,规模效率方面。除物流企业规模效率接近 1 外,大多数行业中的企业规模效率在 0.8 上下波动,有些行业企业规模效率低于 0.6,这说明农业企业和非农企业实际规模与最优生产规模还有一定差距,规模经济现象不是很明显,有待提升,规模效率还没达到理想状态。物流企业、农产品加工企业、食品制造企业具有较高的规模效率,第三产业、第二产业中的农业关联企业规模效率普遍高于农业企业。这是由农业的弱质性和三次产业特征决定的。从时间序列发展来看,林业企业规模效率呈现大幅上升趋势,农业企业的规模效率呈现下降趋势,其他行业中的农业关联企业规模效率则在 0.8 上下徘徊。

第四,财政支持效率方面。除林业外,其他行业中的财政扶持企业效率相比 2013 年都有了大幅度的下降。但 2015 年财政扶持效率有大幅度上升,呈"V"型发展趋势。不过,财政扶持效率超过 50% 的行业和年度较少,说明财政扶持的杠杆效率没有得到充分发挥。从横向看,农产品加工、食品制造、物流和餐饮企业的财政支持效率要普遍高于农业企业。近年来,虽然农业企业财政支持效率呈现不断提高趋势,但总体而言,农业企业的财政支持效率要远低于制造业和第三产业企业。这说明农业企业的财政支持效率有待进一步提升,而其他行业中的其他农业关联企业的财政支持效率大多数没有达到 DEA 有效,因此也有进一步提升的空间。从时间序列发展来看,农业企业和林业企业的财政扶持效率不断提高,这说明财政扶持资金用于农业和林业企业营业收入的比例在逐年增加,但农业企业没有超过 50%,表明一半以上的财政扶持资金投入没有发挥应有的效率。另外,2014—2015 年,除了物流企业之外,农业企业和其他农业关联企业的财政支持效率也在波动中有所提升。

7 中小农业企业家社会网络访谈研究

影响农业企业成长因素众多,除了本书上半部分研究涉及的资本、劳动力和财政支持等相关因素外,还包括技术进步、企业家才能、企业战略和企业家社会网络(简称创业网络)等因素。其中,企业家社会网络或创业者社会网络是影响中小企业尤其是创业企业成长的极其重要的因素,众多研究表明中小企业成长对创业者的社会网络具有高度依赖性,从创业者社会网络视角研究农业企业成长会更具说服力。以下章节,我们将从企业内外部视角即企业战略和创业者社会网络两方面深入研究企业家社会网络对中小农业企业成长绩效的影响,并揭示中小农业企业的成长机理。

7.1 访谈目的

从已有的学者研究成果中发现,一个企业的创业者的社会网络往往在其企业的创建、发展过程中起着重要的作用。因此,从企业家社会网络的角度出发研究企业的成长,深入探讨企业家社会网络与企业成长之间的因果关系,具有重要的理论价值与现实意义。本书将中小农业企业家社会网络作为研究的切入点,通过访谈,深入研究企业家社会网络的概念、网络类型、网络特点的不同功能及不同网络所起作用等,为本书的研究准备了重要的实践访谈材料,为后续实证研究中的问卷设计、因素分析和相关理论假设的结论阐释提供了重要的依据。

在社会网络概念的基础上,本书进一步提炼,界定社会网络为企业家的社会网路。米切尔将社会网络界定为某一群体中个人之间特定的联系关系。社会网络中的点不一定局限于个人,也可以是组织或群体。虽然社会网络连接个体之间的关系既可以是人与人之间的关系,也可以是组织与组织或人与组织之间等多种关系,但是社会网络本质上是人与人之间的关系。由于中小农业企业组织与其创业者关系密不可分,创业者或企业家实质上主导了中小农业企业的社会网络,因此,本书研究的社会网络指的是企业家社会网络抑或是创业者社会网络。作为一个商业性的组织,企业必须重视关系网络的构建和利用。对于社会网络,根据网络形成的纽带和基础的不同,本书大致把社会网络划分为 3 种网络类型:情感型网络、商业型网络、支持型网络。其中,情感型网络是基于人与人之间在时间的积淀下所形成的亲情、友情,包含父母、兄弟姐妹、表亲,同事、同学、战友等类型;商业型网络是基于企业发展过程中逐渐形成的利益关系构建的网络类型,包含供应商、客户、经销商等相关产业链所形成的商业利益关系;支持型网络是一种商业上的合作关系所形成的为企业发展营造良好环境的网络类型,包含社区、政府、保险、银行等机构。

通过对社会网络的分类,本研究首先采用访谈研究法来分析情感型网络、商业型网络、支持型网络对企业绩效的影响,得出哪些网络类型对企业的前期发展起着重要的作用及其作用方式。以上问题不仅是社会网络理论需要解决的焦点,也是本研究必须在中小农业企业家社会网络对企业成长影响的整体研究中所做的探索和验证。

7.2 访谈方法

7.2.1 访谈设计

为了构建中小农业企业家社会网络的初步研究内容结构模型,本书采用半结构化的面对面的访谈来收集中小农业企业家社会网络的现实信息并探讨相关问题,同时采用开放式的问卷对一些企业高层管理者、创业者进行问卷调查。通过对这些访谈的初步梳理,结合本研究的访谈目的,笔者对访谈的内容和问卷结果进行整理分析,归纳总结出中小农业企业家的不同网络类型的特点与功能,为后面的研究提供了丰富的实践材料。

结合本章的访谈目的,笔者设计了企业家社会网络研究的大致访谈提纲和相关的开放式问卷。在整个访谈过程中,根据具体情形,进行发掘性的发问,深入了解了企业家社会网络的一些相关问题,每一次访谈过程所需时间在 40—50 分钟。

对于企业家社会网络的访谈重点聚焦在以下这些方面:(1)中小农业企业的背景信息;(2)企业家社会网络中常见的网络类型;(3)哪些社会网络对企业的发展影响较大;(4)这些网络类型各有什么特点和功能;(5)在不同的发展阶段,企业所重点依赖的网络类型有什么不同;(6)不同的网络类型对企业市场有什么影响;(7)不同的网络类型对企业的创新有什么影响;(8)企业的成长有哪些表现。

7.2.2 访谈对象

本研究的样本选择主要集中在江西省农业企业,包括农产品加工业、养殖业、药业、果蔬等行业,选取了 18 位农业企业家或创业者,如表 7-1 所示,接受访问的人员有企业领导者或高管。样本农业企业要求至少成立 1 年,以确保企业家社会网络对各种不同网络类型与企业绩效之间有较好的认知,从而提高调查问卷的有效性。从访谈企业的创业过程来看,其中三分之二是首次创业,三分之一是二次创业。

表 7-1   样本分布

农业企业类型	访谈企业家人数	所占比例(%)
农产品加工业	5	27
种植业	3	17
养殖业	4	22
果蔬业	3	17
药业	3	17

7.3   研究结果总结

7.3.1   访谈企业的特征

本次访谈的样本企业既包含初次创业企业,也包含二次创业企业。对它们的创业经历进行归纳总结,可以大致提炼出以下几个方面的创业特征:(1)分布在药业领域中的技术创业型中小农业企业,这类技术性的代表企业一般企业规模不大,但它们的创建和发展都重点依靠某项核心技术或独有专利,这使得它们的产品具有垄断性和新技术发展周期带来的产品替代性,但这类企业的经营问题是市场的培育度和客户对产品的接受度,一般所需周期较长,因此此类企业的社会网络并不庞大,重点是和一些科研机构进行合作。(2)收购型企业,主要集中在农产品加工业、养殖业。一般该类型的企业在前期的经营模式和商业环境稳定的情形下,有较强的社会网络能力,它们凭借与政府或金融机构良好的关系,利用资本收购和经营模式的复制,快速地发展壮大,赢得市场份额,形成控股企业,并往上市公司的方向成长。该类型企业在发展中遇见的突出问题是如何在收购过程中对产业链上不同类型企业进行资源整合,形成企业发展共识,打造一个有效的经营团队。(3)持续创业型企业,其中以种植业和果蔬业为典型代表,由于产业的投入产出周期较长,使得从事这一领域的农业企业需要连续不断地做出努力,甚至进行二次创业,这已超越了企业的创业阶段,具有较强的风险承担能力和成熟的商业网络,但它们面临着创新不足和外来竞争加剧等问题。

7.3.2 访谈企业的社会网络内容结构

(1)对社会网络的理解

在前面的文献综述中,本研究已经界定了社会网络内涵。虽然在社会实践中不同人对企业网络一词有不同认识,但大家都有一个共识——企业的发展离不开网络的支持。所以在这次访谈中,我们首先请各位受访者谈谈自己对社会网络的认识和理解。由于本研究的访谈对象是企业的高层领导或创业者,许多管理实践和理论研究认为,社会网络是企业家重点塑造的综合素质之一,更能体现自身的领导能力,因此,企业家应该重点打造自己的社会网络为企业发展服务。

访谈对象对社会网络的认识重点可归纳为以下几种:第一种是企业领导者在长期的社会实践中逐渐积累的人脉关系。这些人脉关系的积累形成了企业可利用的一种社会资本,支持着企业的发展。这种认识在访谈中较多,企业家们平时都会投入精力维护与政府、银行、大客户等的关系。第二种是基于企业组织这个载体,社会网络可以被理解为一种各方面为企业发展服务的关系,如以商业利益为纽带形成的合作关系,与社会机构维护良好的关系等。第三种社会网络是前两者的结合,对社会网络的理解包含个人网络和企业网络两种。但对于中小企业而言,企业家主导了企业的社会网络。

（2）企业家社会网络结构内容

首先，随着人们对社会网络研究的深入，学术界对社会网络结构内容提出了较多分类，他们根据内容的不同对社会网络进行划分，为我们研究网络的内容结构提供了良好的借鉴。在企业发展前期阶段，企业往往离不开个人社会网络的支持，以获得维持企业发展所需的资源。根据访谈结果，依据网络形成的基础不同，企业家社会网络可以划分为两大类别：情感主导网络和利益主导网络。其中，情感主导型网络重点指基于血缘或共同的生活经历，彼此间形成了较高程度的信任和相互照顾扶持的自愿情感，多见于父母、兄弟、姐妹和亲戚以及同学、同事等关系。这种网络关系在提供企业资源的时候，往往会较多考虑情感交流基础，而较少涉及利益因素，是以一种较低的成本获取资源但不具有商业上互惠共生的关系。例如，一个企业的创建初期往往需要亲戚朋友的支持，启动资金的筹措、场地租金的谈判甚至营业执照的办理等事宜，都需要利用亲戚朋友等情感型网络获得支持。由此可以得出，这一阶段的企业需要得到较多的情感网络方面的支持。而商业主导网络则与之有明显的区别，利益上的交换关系是这种关系网络构建的重要基础，情感信任在其中的影响力较弱。商业主导网络重点是指一个企业在其发展经营过程中基于业务和商品交换而逐步建立起来的与其他商业伙伴之间的关系网络。商业合作伙伴之间更多的是一种利益交换互惠关系，一般包含在企业进行合作的产业价值链的体系中，如供应商、经销商、客户和具有业务支撑保障关系的政府、社区、合作社、行业协会、金融机构等。维系这种合作关系，企业经营者更多考虑的是对其有利且在经济上投入产出的回报，企业注重客户关系的维护，通过定期回访及一定程度上的利益返还，维护利益关系网络。我们最后汇总相关访谈者对于社会网络的理解，并重新进行归类，获得了这样一种共识，即利益性网络中可以独立出一种支持型网络。支持型网络即为一种支撑保障关系，与行业协会、科技园、金融机构、大学和其他政府类机构之间所构建起的一种为企业发展提供支持的网络关系。以上 3 种企业家社会网络类型(情感型网络、商业型网络、支持型网络)构成本章重点探讨的内容。我们从上述访谈中提炼出这些网络类型,并结合实际案例,为之后的研究提供了良好的基础。

其次,对于不同的社会网络类型做进一步访谈,以研究其对企业的作用和影响力。通过访谈,得到以下基本结论:情感型网络的特点是以情感信任为基础,这种网络类型在企业的创建初期具有不可替代的作用。企业的创建过程往往是一种发现、识别并抓住商业机会进行资源整合、获得创造价值的过程,而创业者在企业初创阶段由于自身资源、能力、网络等方面的局限性,实力单薄,从其他商业和支持型网络获取资源非常困难,所以要完成企业创建过程往往需要来自亲戚、朋友、同学、同事等情感维系的网络成员的帮助,如场地的选择、贷款的获取、各种营业执照的顺利办理及客户资源的获取。现实中,很多新创企业在创业之初一般起源于熟人关系网中商机的介绍,因为这样的选择使得创业者具有很好的初始切入点,而且能使创业过程避免一些弯路和曲折。情感型网络所展现的功能和影响力,也是这种访谈的一个重要组成部分。商业型网络的基础是为利益交换形成的关系,网络中的个体之间关系是一种基于市场的利益交换关系,商业利益至上无形之中是这一网络类型的指挥棒。"天下熙熙,皆为利来;天下攘攘,皆为利往",这句古语在一定程度上道出了这一社会网络类型的基本特点。共同的商业利益驱使大家聚集在统一网络中共事。在企业的业务发展阶段,企业家的网络转向于重点构建发展企业需要业务的网络关系。在企业发展阶段,基于企业业务关系的发展需要,商业网络的功能和影响力日益重要,情感型网络的作用被弱化,但该网络类型依然发挥着作用。支持型网络是为企业的发展提供一定的环境、资源支持功能而构建的网络类型。该类型的网络一般表现为当企业的发展呈现一定业绩和发展规模时,具有自身的实力及一定的可信度,符合政府、行业协会等其他相关公共部门支持的条件和资格,才能获得这些相关部门的支持和帮助。在笔者的访谈中,被访谈者指出自己的企业只有发展到一定规模并具有较好的业绩时,才更容易得到政府的支持和关照。还有访谈者提出与银行的合作事宜,银行在对企业放贷的问题上往往表现出一种"嫌贫爱富"的倾向,当企业效益不好或者企业较小时,企业难以获取贷款,而规模大、效益好的企业则更容易获取贷款。大学科研机构的网络形成往往伴随着之前的情感型网络,被访谈者指出,与大学科研机构如有一定的人际关系,则更容易合作。支持型网络的这种特性,使得企业领导者一方面发展壮大企业,另一方面注意构建这些支持型网络。

最后,在关于社会网络类型与企业创新、企业战略和企业成长之间关系的访谈方面,其中30%的被访谈者认为情感型网络在企业的创建阶段对企业的成长有着较为重要的影响,这种重要影响在于在人际关系中能为企业提供便利或较低成本的资源,推动企业的发展。40%的被访问者认为商业型网络为企业不断扩大市场提供了重要帮助,企业经过一段时间的发展壮大,往往能依靠自身的能力来解决企业面临的各种问题。30%的被访问者指出与大学、科研院所、合作社等支持型网络合作,对于企业的创新能力提升有着明显的作用。一般的企业创新两种方式,企业内部创新和外部合作创新。支持型网络的构建为企业提供了外部资源获取途径,资源异质性有助于企业的创新和绩效的提高。另外,在企业战略访谈中,有12家企业的创业者特别强调,对于企业生存和发展而言,以市场为导向,充分满足顾客的需求,以较低的价格为顾客提供产品和服务,为顾客创造更多的价值,是企业获取经营绩效、维持企业生存、推动企业成长的关键。有10家企业的创业者强调创新的重要性,在当前竞争激烈的农产品市场中,只有为消费者提供优质独特的产品与服务,并以具有特色的、新颖的、最有效的方式提供产品与服务,才能赢得消费者的青睐,创新对于农业企业而言极其重要,是实现企业持续成长的关键因素。

7.3.3　访谈结果讨论

本研究通过半结构化的访谈,选取了18家不同类型、创业阶段、规模企业的企业者和高层管理者,针对社会网络进行现场调查。调查的内容涉及企业家的社会网络理解、类型、各种社会网络类型的特点与功能、不同的网络类型与企业创新、市场、企业战略和企业成长之间的关系等方面,通过对访谈者的回答归类梳理,对相关的访谈要点做出以下几方面的结果讨论。

(1)社会网络内涵

社会网络是一个内涵非常丰富的概念,它由一种社会中的联系构成。对于一个企业来讲,企业家社会网络包含个人网络和企业网络两种,社会网络中的点不一定局限于个人,它也可以是组织或群体。社会网络中连接个体之间的形成也具有多样性,不仅仅是通过自己的亲戚、同事、朋友,也可以通过销售渠道、商业上的交换和合作联系。企业家的社会网络对于一个企业来说,有个体层面的社会网络,而对于企业的领导来说,又具有组织层面的社会网络。但中小企业社会网络是由企业主主导的,这种社会网络都有一个最终目标,即服务于企业的发展需要。访谈结果显示,农业企业创业者普遍认为社会网络对于企业的发展有着重要影响,社会网络嵌入农业企业创建及成长的全过程,这种社会网络主要是创业者与组织之外的个体与组织之间的关系总和,并非直接作用于企业发展,而是经过社会资本的转化,形成企业需要的资本,并转化为能力,进而对企业创新、企业战略和企业成长等产生影响。

(2)社会网络类型

对于社会网络类型的访谈,笔者在原有的基础上进行了归类分析整理,总结出了企业家社会网络的 3 种类型:情感型网络、商业型网络、支持型网络,并依据不同的划分内容对这 3 种类型的网络进行了具体的阐述。情感主导型网络重点指由于血缘或共同的生活经历,彼此间形成了较高程度的信任和相互照顾扶持的自愿情感,多见于父母、兄弟姐妹及亲戚、同学、同事等关系。如在访谈中提问的"你在创业过程中是否得到过亲戚、朋友的帮助",受访者的回答往往是肯定的,可见这种情感型关系网络在企业的初创以及前期发展中都起着重要的作用。商业主导网络重点指的是一个企业在其发展经营的过程中由于业务和商品交换逐步建立的商业之间的联系网络,彼此之间更多的是一种利益交换互惠关系。商业上的网络关系的形成也是企业成熟成长的标志,企业作为一种独立的市场经济主体发展扩大,不断成熟的商业网络是企业成长阶段的显著特征,这一阶段,情感型网络的影响力被弱化,但依然发生着作用。在对农业企业的访谈中,很多农业企业因为与客户稳定的商业关系,促使了企业自身的稳健成长。农户与企业的合作关系稳定,能使两者之间形成稳定的利益共同体,互利共赢。例如,有受访者指出养殖企业要发展,关键是与饲料企业、养殖防疫机构合作及市场销路稳定可靠。支持型网络即为企业提供支撑保障的网络关系,例如,企业与行业协会、科技园、金融机构、大学和其他政府类机构之间所构建起的一种为企业发展提供支持的网络关系,该类型的网络也是企业重点发展和维护的网络。政策信息的优先获取,意味着商机的抢占,这是商业中赢得主动权的关键步骤。政府的税收减免及财政补贴等支持措施,在一定程度上减轻了企业成本,增强了企业发展的动力,对于企业的创新行为同样起着重要作用,与外部科研机构的合作关系,能形成一种资源的优势互补,填补企业创新能力的不足。以上几种网络类型不同对象的界定在一定程度上明确了其范围,但由于网络类型的分类在学术界并没有明确的标准,这使本研究中的 3 种类型的分类缺乏理论支撑,只是由访谈得出的结论,需要进一步经过科学的研究验证。

3. 不同的网络类型与市场、创新、成长之间的关系

不同的网络类型对于市场有着怎样影响?在前面的访谈探讨中,本研究提出企业经过一段时间的发展壮大,随着自身能力的积累,往往会依靠自己的能力来解决企业的各种问题。这种行为的发生是企业健康发展的趋势,摆脱了过去简单依靠人情关系获取订单的模式,不断扩大市场销路,扩大企业的市场,为企业进一步发展提供了广阔的空间。企业在面临激烈的竞争压力的情况下,企业家认识到企业要想持续健康地发展,必须构建商业型网络。很多农业企业、农户等都认识到,"农户+合作社/基地+龙头企业"这种利益关系的搭建、稳定与维护,使产业链条上企业与其他主体得以互利发展。较强的利益网络关系具有很强的稳定性,会给企业发展营造一种良好的环境;较弱的利益网络关系,则会出现不确定性,利益合作相关者彼此间缺乏一定的信任度,合作关系会难以稳定、持续,随时容易出现因环境的变化而出现的违约行为。例如,农户与企业的订单合作,当收购农产品的市场价高于之前合同价格时,农户会出现选择市场价出售的违约情形,或收购农产品的市场价低于之前签订合同时约定的价格时,企业会选择放弃合同改为市场收购,这些都是利益网络关系的体现。

笔者在访谈中发现,受访者指出与大学、科研院所、合作社等建立起支持型网络对于企业创新能力的提升有着明显的积极作用。一般的企业创新可分为企业内部创新与外部合作创新两种。支持型网络可以为企业提供外部资源获取途径,一旦企业获取这种异质性的资源,往往有助于促进企业创新。众所周知,农业深受自然风险影响,农业科技创新过程复杂、周期长、投入大,创新过程难以控制,创新结果具有很强的不确定性,因此,农业科技创新一般都由科研机构等公共部门提供,中小农业企业很少具备这种创新条件,企业无力也没有足够的意愿进行农业技术创新,农业创业者往往通过借助外界资源进行合作创新,如种植企业与科研院所、国外企业机构进行合作,研发优良种子;养殖业要获取优良品种,一般也会委托特殊的专业机构来操作;果蔬的深加工一般是由大型企业或高等院校的食品研发专业机构提供的,并与企业合作进行成果转化。农业企业的创新实践都验证了中小农业企业的创新存在很强的外部性。此外,情感型网络和商业型网络也在一定程度上促进了企业创新。

访谈结果显示,情感型网络在企业的初创阶段对企业的成长有着较为重要的影响,这种重要影响在于人际关系能为企业的创建提供便利或较低成本的资源,推动企业的发展。以上访谈结果也较符合社会实际,在以人际关系为导向的中国社会环境下,事情的办理往往优先考虑人情关系,企业的创建乃至成长都需要创业者充分利用相关人际关系网络,充分调动一切可利用的网络关系获取资源,来推动企业的创建和发展,如利用亲戚、朋友关系获得较低利息的贷款、土地、厂房和企业订单等,这些行为都是企业家情感型网络功能发挥的结果。

通过对以上访谈结果的讨论,本研究发现,中小农业企业家的社会网络类型的3种分类普遍存在于中小农业企业之中。但对于以上社会网络的划分学者们还缺乏普遍认同。迄今为止,有关社会网络类型的划分标准繁多,学术界尚未确认普遍被认同的划分标准。因此,在今后的研究中还需进一步探讨社会网络的划分标准。在不同的网络类型与企业创新、市场和企业成长之间的关系探讨方面,由于这只是一种个别式访谈的结论,它们之间具体有着怎样的联系或存在什么机理作用,还有待在之后的实证研究中加以验证。

8 中小农业企业家社会网络内容结构及其特征分析

为进一步探索社会网络对中小农业企业成长绩效的影响及其作用机制研究奠定基础,本书将深入研究情感型网络、商业型网络和支持型网络的内容结构及其特征。

8.1 研究目的

在以往的学术研究中,由于对中小农业企业家社会网络的内容结构的研究较少,本章首先采用探索性因素分析方法初步确定农业企业家社会网络的内容结构;其次,采用验证性因素分析方法验证其内容结构,并分析其综合信度、内部一致性系数、聚合效度和辨别效度;最后,在此基础上比较不同社会网络类型的个体差异在不同企业发展阶段有着怎样的变化。

8.2 研究假设

迄今为止,众多研究者对于社会网络类型的分类具有不同的观点,如王庆喜和宝贡敏(2007)在《社会网络、资源获取与小企业成长》一文中,将社会网络划分为感情主导网络和利益主导网络,也有研究在总结相关文献的基础上,把社会网络分为社会型网络、商业型网络、支持型网络(陈良兴,2011)3 种类型。由于构成社会网络的环境存在很多特殊性,这使社会网络内容存在不同的划分标准。在中小农业企业创建与成长过程中,企业家不仅在企业创建之初需要获取亲戚朋友等情感型网络的支持,而且在企业成长过程中,还需要获得商业合作伙伴以及政府、行业协会、农业科研机构等商业型网络和支持型网络的支持,由此可以看出,中小农业企业家社会网络也是一个多维度结构,故本研究提出如下假设。

假设 1:企业家社会网络的内容是一个多维度结构。

社会网络是一个普遍适用的专业词,从这一点上可以看出,网络内容的不同分类同样适用于各种行业,对于农业企业来讲具有借鉴适用性,中小农业企业创业者在其企业创建及成长过程中离不开社会网络,其社会网络的具体内容包含基于亲戚、朋友、同学等情感型网络,供应商、客户等商业型网络以及政府、金融机构、农业技术研发和推广部门、行业协会等支持型网络。中小农业企业家社会网络与其他行业的中小企业具有一致性。

假设 2:企业家社会网络内容结构在不同农业企业类型之间具有一致性。

农业企业家的社会网络有可能与企业家年龄、企业家所受的教育水平有关,这些特征变量在农业企业家社会网络的内容上可能表现出某种差异性。

假设 3:农业企业家社会网络在个体特征上呈现差异性。

在农业创业企业中,企业家的性别不同、企业的所有制不同,也会使企业家社会网络的类型存在一定差异,但因为相关研究目前尚少,本研究对此没有提出相关假设,只是将它们作为一种探索性研究的可能。

假设 4:农业企业家社会网络在企业发展阶段中存在差异性。

企业是一个法人组织,在一定程度上也存在自身的生命周期,包括企业创建阶段、发展阶段、成熟阶段、衰退阶段这 4 种典型的企业发展阶段。同样,企业家的社会网络会一直伴随其中且发挥作用,为企业的发展服务。但不同的网络关系类型对企业的影响力在各阶段也表现不一致。

8.3 研究方法

8.3.1 样本

本研究中,企业家社会网络在指企业创建者或企业领导者围绕企业这个平台所发展或维系的一种关系网络。基于现有文献,结合农业企业访谈,本书把农业企业家社会网络划分为3个维度(情感型网络、商业型网络、支持型网络),并开发了相关测量题项(使用李克特5分量表)。在正式研究前,笔者先调查了两个样本,调查所采用的方法是通信调查和实地问卷调查。

样本一的调查者来自100家农业企业,涉及养殖业、种植业、果蔬业等行业,目的在于对企业家社会网络内容结构维度进行探索研究。调查发放问卷100份,回收64份,有效回收率为64%。这些企业的成立时间都超过2年,在企业的发展阶段上处于初创期、成长期,有的企业成立年限达10年,目前处于整改转型期。从个体特征上看,样本主要以男性为主(78.1%),年龄层次集中在50岁以下(74.9%),文化层次在大专及以上的占84.4%,基本符合社会网络调查要求,样本的基本情况如表8-1所示。

表 8-1 探索性因素分析样本特征

性别	人数	百分比(%)	年龄	人数	百分比(%)
男	50	78.1	30 岁以下	23	35.9
女	14	21.9	30—50 岁	25	39
			50 岁以上	16	25.1

文化	人数	百分比（%）	农业成立时间	人数	百分比（%）	农业类型	人数	百分比（%）
高中	10	15.6	3 年以下	18	28.1	养殖业	20	31.2
大专	33	51.6	3—6 年	36	56.2	种植业	20	31.2
本科	18	28.2	6 年以上	10	15.7	果蔬	16	25
硕士	3	4.6				制药	8	12.6

　　样本二的调查者来自 140 家农业企业,涉及农药、农产品加工、物流、果蔬业等行业,目的在于对企业家社会网络内容结构维度进行验证。调查发放问卷 140 份,回收 96 份,有效回收率为 68.5%。这些企业的成立时间都超过 1 年,在企业的发展阶段上处于初创期、成长期,其中一些企业成立年限达 9 年。从创业者个体特征上看,样本主要以男性为主(68.7%),年龄层次集中在 50 岁以上(47%),文化层次以大专和本科为主(69.7%),基本符合社会网络调查要求,样本的基本情况如表 8-2 所示。

表 8-2　验证性因素分析样本

性别	人数	百分比（%）	年龄	人数	百分比（%）
男	66	68.7	30 岁以下	18	18.7
女	30	31.3	30—50 岁	33	34.3
			50 岁以上	45	47

文化	人数	百分比（%）	企业成立时间	人数	百分数（%）	农业类别	人数	百分比（%）
高中	25	26	3 年以下	18	18.7	农药	25	26
大专	36	37.5	3—6 年	34	35.4	农产品加工	36	37.5
本科	31	32.2	6 年以上	44	45.9	物流	22	22.9
硕士	4	4.3				果蔬	13	13.6

8.3.2 企业家社会网络问卷开发

笔者在研究社会网络相关的文献时,发现目前学术界对农业企业家社会网络的研究较少,为了探索农业企业社会网络的内容结构,笔者通过研究前期开发的问卷收集数据。结合国外学者对于问卷调查相关的题目获取途径,笔者总结出了两个重要的来源渠道:文献总结和具有工作经验的个人。结合已有的研究成果,根据本研究的实际要求,笔者从社会网络的现状出发,按照以下步骤编制调查问卷。

首先,文献综述。通过文献综述,结合农业企业家社会网络访谈,以及对网络研究中的两大结构维度(网络强度和网络规模)等的研究,为中小农业企业家社会网络的测量题项提供了很好的借鉴,收集了大量具体的情感型网络、商业型网络和支持型网络的内容和项目。

其次,企业家访谈和开放式问卷调查。为了使问卷中的测量题项能够结合企业的实际情况,笔者选取了农业企业家或者创业者作为访谈对象,访谈主题为企业家的社会网络类型内容结构及其作用。在访谈过程的最后,通过开放式问卷对接受访谈的中小农业企业的企业家或创业者进行问卷调查,主要包括企业中存在哪些网络类型及这些网络类型对企业的帮助等内容。

第三,编制初始问卷,进行预调查。通过对上述文献和访谈的结果,对所取得的项目进行归类与总结,形成初步问卷。初步问卷包含 34 个题项,试测阶段的样本来自南昌、九江、赣州、抚州等地的农业企业,了解企业领导者在企业的发展中需要重点发展哪些网络类型。测试阶段总共回收 22 份问卷。通过探索性因素分析显示,上述 34 个题项可初步抽取 3 个因素,问卷中整体项目的因素负荷都大于 0.5,一般在 0.51—0.83 之间,内部一致性系数在 0.61—0.88 之间,整体问卷的系统系数为 0.87,这几个因素之间相关系数最小的为 0.13,最大的为 0.52。

第四,对问卷进行修订。在之前的基础上,把问卷寄给若干农业企业家或者高管,请他们对问卷的可读性等问题进行评价,并指出问卷中存在的问题。例如,针对衡量企业成长绩效的测量题项,有管理者提出有些题项之间意思表达相近,可以将其中的 4 项与其他题项进行合并。最终的调查问卷调整为 30 个题项的正式问卷。正式问卷由调查者根据李克特 5 分量表进行填写。1 表示"完全不同意",2 表示"不同意",3 表示"基本同意",4 表示"比较同意",5 表示"完全同意"。数值越大,代表同意的程度越高。

8.3.3 程序

(1)编制社会网络调查问卷。

(2)收集问卷数据资料。运用随机抽样调查方法,对农业企业的创业者来进行问卷调查。

(3)数据处理分析。对问卷调查数据进行归类编码和存入,采用实证研究中常用的数据分析工具 SPASS16.0 对企业家社会网络的内容结构进行探索性因素分析,比较企业家社会网络内容在农业企业间的一致性,分析不同特征农业企业的社会网络特征的差异性,用结构方程建模软件 AMOS 5.0 对以上探索性研究结果进行验证分析。

8.4 社会网络探索性因素分析结果

8.4.1 项目变异和样本检验

测量项目的变异是影响统计分析结果的关键。因此,在统计分析之前,必须对测量项目调查数据进行变异分析,保留变异量较大的题项,剔除那些变异量较小的测量项目。目前,学术界对于统计分析中一个变量是否具有充分的变异尚未形成

一个普遍认可的标准,在统计实践中,一般是将变量值的 1 个标准差作为临界点
(Liden et al. ,1998)。根据这个标准,本研究调查问卷的 30 个题项中每个项目的
变异量都在 1 以上,范围在 1.1—1.5 之间,所以这 30 个题项不需要做剔除。

另外,本研究通过对农业企业家进行企业家精神测量,以此判别创业型企业的
标准。通过测量,本研究中企业家精神的问卷信度为 0.81。主成分因素分析显
示,经过最大方差旋转之后的 3 个项目可以整合为一个因素,解释的方差为 52%。
方差分析表明,规模较小企业和规模较大企业的样本在企业家精神上没有显著性
差异[F(1.8)=0.48,ns]。因此,可以作为中小农业企业的企业家样本进行分析。
同时,如表 8-3 所示,检验结果显示,KMO 等于 0.83,Bartlett's 球度检验值为
1345.13,检验结果表明,本研究的样本和项目可以进行因素分析。

表 8-3　样本充分性和球度检验

Kaiser-Meyer-Olkin 取样充分性测量		0.83
Bartlett's 球度检验	Approx Chi-Square	1345.13
	df	378
	Sig.	0.000

8.4.2　探索性因素分析结果

在探索性因素分析中,本研究通过利用样本一的数据对社会网络问卷进行探
索性因素分析,采用最大方差主成分分析方法,根据现有文献和访谈结果确定对问
卷抽取因素项目和数目,其中,一个重要的依据是这些因素的特征值大于 1。具体
的探索性因素分析结果如表 8-4 所示。

表8.4 企业家社会网络因素分析结果(N=64)

测量项目	因素1	因素2	因素3
因素1:情感型网络 a 系数=0.722			
(1)我与亲人之间有很好的关系,他们会帮助我解决创业问题	0.822	0.092	0.103
(2)我与朋友之间有很好的关系,他们会帮助我解决创业问题	0.783	0.172	0.089
(3)企业领导者在社会交往中注重情感交流与沟通	0.812	0.212	0.234
(4)企业领导者不断扩大自己的朋友交际圈	0.703	0.096	0.156
因素2:商业型网络 a 系数=0.732			
(1)我们与下游买方企业或客户有很好的关系	0.101	0.809	0.136
(2)我们与上游供应商企业或农户有很好的关系	0.065	0.831	0.256
(3)我们与同类竞争企业有很好的关系	0.212	0.788	0.201
(4)企业领导者与别人的商业交往中能够遵循互惠互利规则	0.065	0.713	0.034
(5)企业领导者不断扩大自己的商业交往圈	0.043	0.834	0.312
因素3:支持型网络 a 系数=0.812			
(1)我们与行业内相关机构(合作社和监督机构等)建立了稳定的合作伙伴关系	0.269	0.267	0.873
(2)我们与行业内相关机构(合作社和监督机构等)保持经常性的交流沟通	0.136	0.088	0.825
(3)企业领导者与当地政府有很好的关系	0.076	0.054	0.815
(4)企业领导者与商业支持机构有很好的关系(银行、大学、科技园等)	0.107	0.312	0.795
(5)企业领导者不断扩大自己的支持型网络关系圈	0.056	0.087	0.821
各因素解释变异的百分比(%)	16.15	26.19	28.29

根据前面的理论和假设,本研究固定抽取了3个因素,并把这3个因素具体命名为:(1)情感型网络(4个题项),是指基于人与人之间在时间的积淀下所形成的亲情、友情等情感型网络联系,包含父母、兄弟姐妹、表亲、同事、同学、战友等之间关系网络;(2)商业型网络(5个题项),是指农业企业在其经营和成长过程中由于业务和商品交换逐步建立起来的商业之间的关系网络,主体之间更多的是一种利

益交换互惠关系;(3)支持型网络(5 个题项),指的是农业企业与行业协会、科技园、金融机构、大学和其他政府涉农管理部门之间所构建起的一种为企业发展提供支持的网络关系。

从表 8-4 可以看出,3 个因素解释变异的百分比为 70.63%,其中情感型网络解释 16.15%的变异,因素负荷为 0.7—0.83;商业型网络解释 26.19%的变异,因素负荷为 0.70—0.84;支持型网络解释 28.29%的变异,因素负荷为 0.79—0.88;3 个因素的内部一致性系数在 0.72—0.82 之间。

根据探索性因素分析结果,本研究对社会网络的维度进行描述性统计,结果如表 8-5 所示。表 8-5 显示,维度之间存在显著的正相关,相关系数从 0.39—0.58,表明维度之间存在中等偏下的相关关系,维度之间的共同变异不高,因此本研究将对探索性分析结果进行深入分析。

表 8-5　探索性分析描述统计(N＝64)

变量	平均值	标准差	aa	ba	ca
aa 情感型网络	4.4763	0.9843	0.399**		
ba 商业型网络	5.0312	0.9634	0.493**	0.571**	
ca 支持型网络	4.6431	1.0001	0.564**	0.412**	0.489**

注:* p<0.05,** p<0.01, *** p<0.001。

以上探索性因素分析结果是否具有研究效度,还需要进一步经过验证。探索性因素分析方法在模型的构思结构还不确定的情况下具有很好的研究优势,而验证性因素分析方法主要是针对提出的假设模型进行检验和指标拟合,具有良好的研究效果(Church et al.,1994)。对这两种因素分析方法进行对比发现,验证性因素分析方法可以让研究者在一定的文献理论的基础上,使理论和具体条件下的变量测量得到很好的结合(McDonald et al.,1990)。

8.5 社会网络的验证性因素分析结果

8.5.1 验证性因素分析前测

由于样本二中包含不同发展年限的企业,根据企业发展特征,可以归结为不同生命周期的企业,结合社会网络的定义,在进行验证性分析之前,需要利用上述分析对这些不同阶段的企业社会网络在企业家精神上的差异(Liden et al.,1998)进行比较。方差分析显示:$F(1,15)=4.732$,$P=0.053$,这表明农业企业家精神在不同企业成长阶段上没有显著差异,因此可以将其作为企业样本,展开更进一步的分析。

8.5.2 项目合并和拟合指标

在验证性因素分析中,测量项目数量将影响验证性因素分析模型拟合指数,为确保更高的拟合效果,在探索性因素分析的基础上,本研究将整合并合并测量同一个因素的项目,并运用该研究领域中众多文献普遍采用的偏分解方法(Mc Donald et al.,1985)。在每个因素包含的测量项目个数的基础上,借鉴 Bergami et al.(2000)和 Fornell et al.(1981)的研究成果,根据项目的奇偶序列,将 3 个因素的测量指标整合为两个测量指标项目,整合后的假设模型如图 8-1 所示。

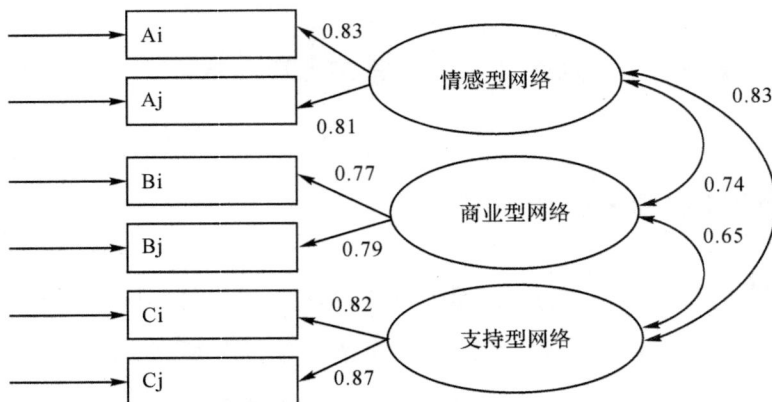

图 8-1　企业家社会网络结构维度验证性因素分析模型

模型的拟合性指研究者所提出的模型中变量间的关系模式与实际数据是否相拟合,以及拟合的程度怎样,进而对提出的理论假设模型进行验证(侯杰泰等,2004)。在验证性因素分析中,相关评价和选择模型的拟合指数包括以下指标:χ^2、χ^2/df、RMSEA、SRMR、NFI、NNFI 以及 TLI、GFI、CFI、AGFI 等。一般而言,拟合效果良好的模型需要达到一个以上的参数标准 (Breckler,1990)。本研究借鉴侯杰泰等(2004)以及温忠麟等(2004)的研究成果,综合运用绝对拟合指数与相对拟合指数对拟合模型进行评价,采取 χ^2/df、RMSEA、TLI 和 CFI 4 类广为认可的统计指标作为评价模型的拟合指数,具体判别标准如下:

(1) χ^2 或 χ^2/df。统计量 χ^2 满足不显著(对应 $P>0.05$),如果该条件不满足,可以参考卡方(χ^2)对自由度(df)的比值,该指标是一种基于拟合函数的绝对拟合指数。当 $\chi^2/df<5$ 时,对 χ^2 满足不显著的条件可不予考虑;当 $2<\chi^2/df<5$ 时,表示模型可以接受;当 $\chi^2/df<2$,表示模型拟合非常好。

(2)RMSEA。该指标是指近似误差均方根,反映模型的拟合优度。该指标较少受到样本容量的影响,是绝对拟合指数,相 2 当于回归方程中用来反映模型拟合优度的可决系数。RMSEA 越接近于 0,说明模型拟合越好。Steiger(1990)认为,如果 RMSEA 低于 0.10,表示模型拟合好;如果该指标低于 0.05,表明模型拟合很好;如果该指标低于 0.01,则表示模型拟合得非常好。

(3)TLI。该指标是指 Tucker-Lewis 指数,是近来广为采用的一种拟合指数。TLI 统计值的变化范围并非一定在 0—1 之间。一般而言,当 TLI≥0.90 时,表示模型可接受。TLI 越接近 1,模型拟合优度越高。

(4)CFI。该指标是比较拟合指数,不受样本容量的系统影响,可以敏感地反映误设模型的变化,是较理想的相对拟合指数。其值范围在 0—1 之间,当 CFI≥0.90 时,表明模型可接受。CFI 越接近 1,表明模型拟合越好。

8.5.3 企业家社会网络结构维度的检验

在进行验证性因素分析时,一般用相互关联的因素和不相关的误差来检验构思效度(Rahimetal,1995)。本研究在探索性分析中抽取的情感型网络、商业型网络、支持型网络等 3 个因素代表了社会网络的 3 个因素。

模型验证的主要参数和拟合指数如图 8-1 和表 8-6 所示。企业家社会网络 3 个维度的标准化因素负荷为 0.77—0.87,所有因素负荷值都达到统计上显著性水平,t 值的范围为 5.81—12.46。与此同时,要对多维度的构思结构进行验证,模型中因素之间的相关系数值只要小于 1,就被认为是可以接受的(Liden et al.,1998)。表 8-6 中检验结果显示,3 个因素之间的相关值虽然中等偏高,范围为 0.65—0.83,但并不能表明社会网络的 3 个维度一定是重叠的。结合前文探索性因素的分析结果,从整体上说,本研究属于社会网络构思维度的探索性研究,虽然验证性因素分析显示 3 个维度具有较高的相关性,但并不能判断这 3 个维度可以相互重叠,因此,研究结果还是可以接受的。同时,如表 8-7 所示,验证模型的各种拟合指数来看,虽然 RMSEA 大于 0.005,但在可接受范围内;χ^2/df 为 1.6,小于 2,并且不显著,可能的原因在于样本量较小;相关检验指标显示,其他指标都符合要求。以上分析和检验指标表明,虽然企业家社会网络模型的构思效度不高,但也在可以接受的范围内,本研究接受 3 个维度的划分。

表 8-6　社会网络验证性因素分析的拟合指数(N=96)

χ^2	df	RMSEA	GFI	AGFI	NFI	TLI	CFI	IFI
20.13	15	0.048	0.96	0.91	0.94	0.96	0.97	0.99

本研究中的社会网络模型属于假设模型,在利用结构方程进行建模时,还必须对假设模型的各种备择模型(Mulaiketal,1989)进行检验和比较。模型检验包括模型验证和模型比较两方面(陈加州等,2003)。本研究采用样本二数据检验三维度模型结构,并对社会网络问卷测量项目可能包含的所有结构模型如独立模型(M_1)、单维模型(M_2)、二维模型(M_3)和假设模型(M_4)进行比较,以验证三维度假设模型是否为最优模型。本研究中的备择模型包括:(1)独立模型,所有的社会网络变量都不相关;(2)单维模型,整合所有企业家社会网络项目表示一个维度;(3)二维模型,一个因素包含情感型网络上的项目,一个因素包含商业型网络和支持型网络上的项目。企业家社会网络各种可能模型的比较结果见表 8-7。表 8-7 中各种模型的拟合指数显示,农业企业家社会网络的独立模型、单维模型和二维模型在 χ^2、χ^2/df、CFI 等指标上都达不到模型拟合指标要求的最低水平,而最终的三维模型在相对重要的 CFI、TLI 等指数指标上都大于 0.90,因此可以通过比较模型的 χ^2 来做进一步的检验。在本研究中,M4—M3,$\chi^2(2)=14.08$,$p<0.05$,这表明社会网络三维度模型比二维度模型更具有构思效度。

综上所述,通过比较企业家社会网络 4 个可能模型检验结果,本书得出结论,包含情感型网络、商业型网络、支持型网络在内的中小农业企业家社会网络 3 个维度结构最为稳定。

表 8-7 社会网络各种可能模型的拟合指数

测量模型	χ^2	df	RMSEA	GFI	AGFI	NFI	TLI	CFI	IFI
M1 独立模型	552.01	27							
M2 单维模型	104.31	21	0.179	0.86	0.76	0.81	0.78	0.83	0.82
M3 二维模型	35.21	18	0.091	0.92	0.88	0.91	0.92	0.93	0.89
M4 假设模型	21.13	13	0.051	0.96	0.98	0.93	0.96	0.99	0.96

8.5.4 中小农业企业家社会网络结构维度的信度和效度

对测量结果进行信度和效度分析是进行假设检验的基础。只有满足信度和效度要求的量表,其分析结果才具有说服力(李怀祖,2004)。变量的测量信度即测量的可靠程度,是衡量变量测量结果的一致性和稳定性程度的一个统计指标。测量的内在信度是指每一个变量的测量量表是否测量相同的变量,一般用一致性指标Cronbach's a 系数进行检验;测量效度是指变量测量项目能够测量出研究者所要衡量的事物的真实程度。内容效度和构思效度是两个非常重要的效度指标。内容效度是指相关领域专家对某一量表能够多大程度上测度所衡量事物内容的适当性和相符性的判断,其判断方法可以分为以下两类:一是测量工具是否可以真实测量到研究者所要测量的变量;二是测量工具是否与所要测量的变量定义内容相吻合。AVE 代表的是研究构思的平均抽取方差,是构思聚合效度的衡量指标(Fornell et al.,1981),该指标用以说明构思中各维度所能解释的变异程度,当 AVE 超过0.50,则表明构思具有较高的聚合效度,如表 8-8 所示。

表 8-8 各因素的综合信度和内部一致性系数

信度	情感型网络	商业型网络	支持型网络
综合信度	0.81	0.71	0.84
内部一致性系数 a	0.75	0.70	0.76

表 8-8 说明在社会网络的 3 个维度中,情感型网络、商业型网络和支持型网络的信度测量的一致性系数均大于 0.70,具有较高的测量信度,综合信度大于 0.70,说明这些变量的选取和测量都拥有很好的信度,调查问卷的测量具有很好的稳定性,符合本研究要求。

如果某种构思具有充分的辨别效度,那么其相应维度上的所有测量项目在该维度上的负荷要大于在其他维度上测量项目的负荷。如表 8-9 所示,这是社会网络 3 个维度的相关矩阵和相应的 AVE 数值对比。Shamier et al. (1998)认为当对角线上的 AVE 同时大于相应行列中的相关系数时,构思就具有足够的聚合和辨别效度。从表 8-9 可知,所有社会网络维度的 AVE 都大于 0.50,数值范围为 0.61—0.71,因此社会网络具有充分的聚合效度。另外,表 8-9 结果显示,商业型网络、情感型网络以及支持型网络的 AVE 分别大于同行列中的其他相关系数,表明社会网络 3 个维度结构有足够的辨别效度和聚合效度。

表 8-9 维度的平均值、相关系数和平均抽取方差

变量	平均值	标准差	情感型网络	商业型网络	支持型网络
情感型网络	4.96	1.03	(0.67)[a]		
商业型网络	5.16	0.88	0.54**	(0.61)	
支持型网络	5.25	1.02	0.61**	0.51**	(0.71)

注:a 对角线括号内的数值为各因素的平均抽取方差(简称 AVE),它等于相应维度因素负荷平和的平均值。

* $p < 0.05$,** $p < 0.01$,*** $p < 0.001$。

以上分析结果显示,企业家社会网络是一个三维度构思,即情感型网络、商业型网络和支持型网络,3 个维度都具有良好的信度和构思效度,假设 1 得到证实。

8.5.5 农业企业家社会网络内容的一致性分析

由于农业企业的社会网络类型面临的环境具有特殊性,因此不同类型的农业

企业形成的社会网络可能存在差异性,但是这些农业企业在创业过程中所形成的网络又与普通企业具有相似的特征,这使得企业家社会网络类型不同维度在农业企业领域内同样适用,即情感型网络特征、商业型网络特征、支持型网络特征。这3种类型构建的企业网络在种植型、果蔬、农产品加工、农药等企业中具有一致性。本研究将在企业家社会网络模型中3个维度的内容结构基础上采用方差检验方法,对社会网络的内容一致性进行方差分析,其中对各维度上的因素取值运用验证性因素分析和部分探索性因素分析样本中的相应测量指标的平均值表示。检验结果如表 8-10 所示。

表 8-10　不同农业企业类型企业家社会网络的平均值和方差检验

类别	企业家人数	平均值(标准差)		
农业企业类型	N	情感型网络	商业型网络	支持型网络
农产品加工	36	3.212(1.012)	4.342(1.003)	3.378(0.982)
农药	25	3.823(0.942)	3.912(0.798)	3.132(1.089)
农业物流	22	4.068(1.057)	4.133(0.996)	3.267(0.978)
果蔬	13	3.406(1.125)	4.036(1.112)	4.058(1.013)
F 值		0.326	0.854	1.274

从表 8-10 的分析结果可以发现,在农业企业家社会网络的 3 种类型中,农药企业、农产品加工业、农业物流、果蔬农业等不同类型企业的检验得分没有显著差异,这表明不同的农业企业类型在社会网络构建的过程中,这 3 个因素的内容具有很强的一致性。方差分析结果显示,农业企业家社会网络对不同类型农业企业具有相同的重要性,他们之间没有显著性差异,对不同类型的农业企业,其创业者对社会网络及其各维度内容的需求和构建具有相似性和一致性,假设 2 得到支持。

8.5.6　农业企业家社会网络结构的个体差异性分析

方差分析结果表明,不同年龄的企业家的情感型网络和商业型网络具有显著差异,但其支持型网络没有显著差异,如表 8-11 所示。

表 8-11　不同年龄企业家的社会网络比较分析

类别	企业家人数	平均值(标准差)		
年龄	N	情感型网络	商业型网络	支持型网络
30 岁以下	18	3.217(1.102)	3.035(1.103)	4.078(0.968)
30—50 岁	33	4.025(0.943)	4.301(0.897)	4.232(1.182)
50 岁以上	45	4.068(1.165)	4.238(0.986)	4.137(0.965)
F 值		4.307***	4.864***	1.208
学历	N	情感型网络	商业型网络	支持型网络
高中	25	3.612(1.162)	3.424(1.083)	3.368(1.087)
大专	36	3.021(0.893)	3.932(0.998)	4.032(0.989)
本科及以上	35	4.078(0.862)	4.238(0.896)	4.331(0.965)
F 值		1.247	2.864**	5.387***

从表 8-11 可以看出,在情感型网络上,不同学历没有显著性差异,但在商业型网络和支持型网络上,不同学历表现出显著性差异。以上方差分析结果表明,一个人的年龄、学习经历不同,其所慢慢形成的社会网络的能力也就不同,高学历更有利于创业者获取商业型网络和支持型网络。而年龄越大、经历越丰富,社会关系也相应更多,因此,其情感型网络和商业型网络也相应规模越大,强度越高,假设 3 得到支持。

8.5.7　农业企业家社会网络结构中的企业特征因素影响

企业家社会网络在不同的企业发展阶段表现形式有所不同,因此企业的特征因素可能会影响企业家社会网络的规模和强度。本研究用农业企业成立时间作为间接测量企业成长阶段的手段,以此分析农业企业家社会网络在不同成长阶段上表现出的差异性。结果如表 8-12 所示。

表 8-12　企业家社会网络的企业特征因素比较分析

类别	企业家人数	平均值(标准差)		
成立时间	N	情感型网络	商业型网络	支持型网络
3 年以下	18	4.112(0.983)	2.903(C.982)	2.802(0.885)
3—6 年	34	3.721(0.876)	3.932(1.108)	3.732(1.089)
6 年以上	44	3.978(1.025)	4.235(1.096)	4.071(1.105)
F 值		3.027***	3.452***	7.341***

从表 8-12 可以看出,不同成立年限的农业企业家社会网络水平存在非常显著的差异。从各种成立年限的企业平均数和方差分析结果可知,不同成立年限的企业在情感型网络、商业型网络、支持型网络这 3 个维度上的社会网络水平都出现了显著性差异。通过检验进一步发现,在企业成立年限在 3 年以内的,在所有的 3 个社会网络维度上,情感型网络测量平均值的显著高于成立年限在 3—6 年和 6 年以上的企业。而成立年限在 3—6 年和 6 年以上的企业,商业型网络和支持型网络往往具有较高的数值。

结合表 8-12 和相关分析结果,不同成立年限(或处于不同企业发展阶段)的企业的社会网络水平有显著性的差异,所以假设 4 得到支持。

8.6　本研究的主要结论

借鉴以往的社会网络研究成果,本研究提出了关于中小农业企业家社会网络的三维度构思模型,根据相关文献研究和访谈内容设计了社会网络调查问卷,选择了符合创业型中小农业企业的企业家进行取样,并采用探索性因素分析、验证性因素分析以及方差分析等实证研究方法,得出如下 4 个主要的结论:(1)提出和验证了包含情感型网络、商业型网络、支持型网络 3 种维度的中小农业企业家社会网络的测量模型;(2)实证了不同类型的农业企业(种植业、农产品加工、农药企业等)家的社会网络在其内容结构上具有一致性特征;(3)检验了农业企业家社会网络的个体差异,被调查者的年龄越长,经历越丰富,所拥有的情感型网络和商业型网络规模和质量就越高;(4)检验了企业特征因素对社会网络的影响,重点从企业成立的年限方面进行方差分析,得出企业家社会网络在不同企业成立年限呈现出差异性的结论,认为在农业企业成立初期,企业家往往对于情感型网络依赖较强,而随着企业的不断成长,其商业型网络和支持型网络的影响力逐渐显现。

8.6.1 实证研究了企业家社会网络的三维度

在总结社会网络相关文献和访谈的基础上,本研究构建了社会网络3个维度——情感型网络、商业型网络和支持型网络。首先,研究社会网络的内容及其内在结构,从而确定社会网络的测量模型。探索性因素分析表明社会网络可能存在3个相互关联的维度,并采用验证性因素分析方法验证了社会网络3个维度的假设。这3种网络类型的内容虽有一定的重叠性,但从二维模型和三维模型等各种拟合指标的比较及其相关指标的显著性来看,三维度因素所构建的社会网络模型更为稳定。

本研究提出的企业家社会网络构思也存在一定的不足之处:3个因素的相关系数具有中等以上相关性,致使因素之间有可能存在较高程度的共变性,从而在一定程度上降低了农业企业家社会网络的构思效度。

8.6.2 农业企业家社会网络的企业特征

社会网络是一种不同节点的联系构建,而且社会网络的构建是一种长期过程的积累,其范围较为广泛。中小农业企业家社会网络所体现的企业特征主要表现为以下两个方面:内容上具有相似性,即中小农业企业家社会网络内容有一个相对稳定的结构;不同类型的农业企业所要求和构建的社会网络内容结构具有一致性。

8.6.3 农业企业家社会网络的个体差异

社会网络在不同的农业企业之间具有内容上的一致性,但不同年龄的中小农业企业家在社会网络规模和水平上具有一定的差异性。相对而言,年长的企业家的社会网络资源更加丰富。同样,学历不同使农业企业家的商业型网络和支持型网络具有显著差异性。

8.6.4 不同企业特征的农业企业家社会网络差异性

通过对不同成立年限企业的农业企业家社会网络类型的分析,笔者发现企业成立年限与社会网络类型具有差异性,这重点体现在对于成立年限在 3 年内的企业家来讲,能对企业发挥作用的是自身所拥有的以亲友关系为主的情感型网络,相比较其他两种关系网络,情感型网络在企业的初创阶段具有重要的影响力。而等企业进入健康持续的成长阶段时,推动企业进一步成长的则是围绕企业利益来发展的商业型网络,以及推动企业创新、提供融资、政策帮扶的支持型网络。

8.6.5 本研究的理论价值和实践意义

有关企业家社会网络研究的一个焦点在于企业家社会网络与企业成长的关系。虽然有些研究者提出一些社会网络类型及其结构,但现有研究成果对社会网络内容的研究还有待拓展,特别是在农业企业家社会网络方面,国内外学者做的深入研究较少。本研究在相关理论的基础上提出了农业企业家社会网络研究三维度测量模型,为进一步研究企业家社会网络的结构模型奠定了一定的理论基础,农业创业者也可以从这相关的 3 个维度构建企业的社会网络,不断地扩大网络规模、提高网络质量,为促进企业成长提供支持。

9 社会网络与中小农业企业成长绩效关系研究

9.1 研究目的

众多学者的研究表明,网络关系是企业获取成长绩效的重要来源 (Jarillo, 1988;Burt,1992;Porter,1998)。农业企业与其他企业的一个显著差异就是农业企业经营的产品、服务往往与农业生产密切相关,深受自然风险和市场风险的影响,农产品具有弱质性,投资回报率偏低。伴随着农业企业的成长,农业企业往往采用产业化经营模式,通过契约的方式联结农户,建立起一体化经营方式,把分散的农户组织起来,带动农户走向市场,并与农户建立起某种利益联结机制和战略合作伙伴关系。郭红东(2006)指出,企业与农户建立相互信任和自我约束的机制能够更好提高履约率,有利于农户与企业的成长;彭建仿(2011)指出,企业与农户共生关系的构建与优化有利于促进食品安全机制充分发挥作用,这也是促进农业成长的重要因素。瞿珊珊等(2009)通过对"温氏模式"的研究发现,龙头企业与农户的关系强弱会对企业绩效产生影响。通过强关系与他人建立良好的信任,加速信息的传递以及协作共享,能够提高企业绩效。与外部不同组织保持经常的联系能够使企业获取更多有效信息,这些信息能够为企业创造新的业务组合和成长机会,提高企业的创新性(Uzzi,1997)。企业若能通过提高互惠性,扩大合作交流范围以及增加接触的机会来加强网络关系强度,将有利于提升其整体的竞争优势(闫莹等,2010)。通过与供应商(主要是农户、供销商、合作社等)建立广泛的网络,在短期内将有利于降低成本、提高生产能力。

通过构建企业家社会网络,一方面,创业者可以开发更多的客户,与更多的客户建立范围广泛的网络关系,从而有利于企业利用广泛的客户关系占据现有市场或开拓新市场,快速把产品推向市场,扩大产品销路,提高产品销售业绩;另一方面,通过社会网络,农业企业家可以与客户合作开发新产品或新市场,这有助于提高企业的创新能力,使企业获得持续成长。最后,创业者与政府有关部门和科研机构建立广泛联系,不仅有利于企业准确把握政策信息和科技信息,同时在中国市场经济体制不完善、政府经济职能尚未完全转变的现实背景下,创业者与相关政府部门、科研机构、金融机构和行业协会等组织保持良好的网络关系,将有助于企业得到政府和其他有关机构的支持。

农业企业的经营深受企业外部环境影响,企业不仅要学会适应周围的环境,更要学会利用网络关系,获取资源,以促进企业成长,所以,创业者应学会构建自己的关系网络,维护并利用好社会网络,为企业成长开发更多的资源。然而,迄今为止,学界对于农业企业家社会网络的深入研究较少,本研究将深入研究创业型中小农业企业家社会网络与企业成长绩效的关系及其作用机制。本章的研究将重点聚焦于以下几方面:研究假设提出、问卷开发及检验,社会网络对企业成长绩效的影响,提出和验证以战略导向为中介变量的社会网络作用机制、社会网络与战略导向之间的关系、战略导向与企业成长绩效之间的关系。

9.2 研究假设

9.2.1 农业企业家社会网络与企业成长绩效

在中国这个注重关系导向的社会,商业领域充斥着各种各样的关系网络,这些关系网络在一定程度上促进了企业的成长。在很多情景下,个体的社会网络是在一种非正式的联系中形成的,联系中的参与者有着彼此可以互利的行为。在中国,传统文化强调人与人之间的和谐相处,这种和谐文化价值观促使人们更加注重社会网络的构建与运用。当今世界发展已经进入知识经济时代,经济全球化趋势日益增强,中国市场化改革不断推进,面对日益激烈的市场竞争,作为市场经济的重要主体——企业必须不断地开发和整合网络关系这一特殊功能,为企业的经营和成长提供支持。

社会网络一般开始于个体层面的联系,当个体层面的联系日趋成熟稳定后,在一定的环境下,就可以转化为组织层面,并为组织带来资源。创业者利用社会网络获取资源,将对组织绩效产生直接的影响。众多研究认为,企业的网络关系广度与成长绩效之间存在正相关关系。Zhao et al.(1995)以中关村 6 家企业作为样本进行实证研究,实证结果显示,企业通过建立广泛的网络关系获得有价值的资源,可以帮助企业建立信用,获得建议、资金和客户,并以较低的价格获取资源、渠道和信息,有利于企业创新,能够提升企业竞争优势,提高企业成长速度。在一些国外研究中,很多学者持有这样的观点,社会网络对企业创建和产出具有正向影响。例如亲戚、朋友、同学或集体组织都会提供具有相对优先权的信息和资源来帮助创业者实现创业理想(Jack,2005)。而大量研究也验证了社会网络对创业初期企业产出的影响。Asrstad et al.(2010)通过实证发现,由社会网络形成的社会资本具有绩效外溢的现象,拥有更发达社会网络的创业企业具有更好的绩效表现。创业型农业企业直接或间接从事农产品生产经营活动,面临自然与市场风险的双重风险,农业的弱质性决定了农业创业企业具有低成长率和低成活率特征,因此,农业创业者的社会网络对农业创业企业的创建和成长起着极其重要的作用,农业创业者构建各种网络关系有利于农业企业从环境中获得诸如土地、渠道、资本、信息等所需的资源。农业企业创业者积极构建与政府、银行、客户、媒体等相关者的关系网络,将有利于促进企业的经营发展,例如,与政府发展关系,获取政府对农业的扶持政策;与银行保持密切关系,获取银行的融资支持;保持与媒体的良好关系,塑造企业良好的公众形象;等等。这些都从客观上增强了企业从外界获取资源的能力,为企业的成长发展提供了良好的外部环境。

基于以上理论分析,本研究提出如下命题。

命题1:创业者社会网络对中小农业企业的成长绩效具有正向影响。

根据前文探索性因素分析和验证性因素分析的结果,创业型中小农业企业创业者的社会网络维度划分即情感型网络、商业型网络、支持型网络。所以,基于创业者社会网络划分的维度与农业企业成长绩效之间的关系,本研究提出了如下假设。

假设 H1a:情感型网络对中小农业企业创业成长绩效具有正向影响。

假设 H1b:商业型网络对中小农业企业创业成长绩效具有正向影响。

假设 H1c:支持型网络对中小农业企业创业成长绩效具有正向影响。

9.2.2　战略导向与中小农业企业创业成长绩效

在企业战略制定过程中,战略导向是其中的关键因素,是战略计划制订和战略形成的基础。企业在市场中赢得竞争是其生存与成长的关键,大量研究表明,以市场为导向的企业将取得更好的绩效。Day 的实证研究结果显示,以市场为导向的企业盈利要比以自我为中心的企业高出 31％。市场导向的优势来源于企业致力于吸引和保持顾客,追求极佳的投资成本和效率、价格溢出,抢占投资先机,不断提升企业对外部环境变化的适应和反应能力,为顾客创造更多的价值,在激烈的市场竞争中形成竞争优势,从而提高企业绩效。

农产品市场竞争激烈,产品创新难度大,以市场为导向,制定合适的营销策略,是企业成长的关键。因此,中小农业龙头企业必须关注顾客与竞争者等外部环境的变化,及时了解顾客的需求状况,掌握市场信息,捕捉商业机会,预测市场变化和竞争者反应,通过产业化经营模式,指导农户进行生产,确保农产品质量符合市场需求,为顾客提供优质的农产品,培育顾客对产品的忠诚度,从而提升市场竞争优势,最终提升企业绩效,促进企业不断成长。由此,本研究提出如下假设。

假设 H2a:市场导向战略对中小农业企业创业成长绩效具有显著正向影响。

创新导向战略是企业通过创新开发新产品和服务,以满足顾客对新产品和服务的需求,它代表了企业对未来顾客需求的关注。中小农业龙头企业可以通过技术创新,开发出满足消费者需求例如新的绿色有机农产品、无公害农产品以及其他能为消费者带来更多效用的新产品和服务,还可以通过采用新的生物技术、新的生产和加工技术实施产品创新,开发新的农产品,提高产品产量和品质,这些新技术的开发和应用将有利于提升企业产品的市场竞争优势,提高企业绩效。因此,创新导向战略将促进中小农业龙头企业绩效的提高。基于上述分析,本研究提出如下假设。

假设 H2b:创新导向战略对中小农业企业创业成长绩效具有显著正向影响。

9.2.3 社会网络与战略导向

(1)社会网络与市场导向战略

市场导向对于促进农业企业成长发挥重要作用。如上所述,人们对于市场导向战略有不同的认识。一种观点是从组织文化视角出发,把市场导向战略看作组织承诺持续为顾客创造优异的价值,并以此来确保经营活动获得良好绩效(Narver et al.,1990);另一种观点是基于组织行为视角,把市场导向看作整个组织范围内有关顾客需求信息的产生、跨部门传播和整个组织的响应过程(Kohli et al.,1990)。尽管上述两种表述有所不同,但都体现了企业以市场为导向,聚焦于满足顾客需求,为顾客创造最大价值,强调顾客和外部环境对企业经营的影响。在外部环境中,顾客、供应商等是创业者社会网络关系中的网络成员,企业这些社会网络关系可以为企业战略提供资源支持,企业网络关系中的顾客、供应商等网络成员对企业制定市场导向战略具有重要的影响。研究表明,企业社会网络与市场导向战略具有显著的正相关(姜文辉,2010)。

农业企业要想成功实施市场导向战略,获得较高绩效,需要亲戚朋友的支持,需要构建与农户、农业生产资料供应商以及销售客户等商业合作伙伴的网络关系,需要争取政府、行业协会、银行金融结构以及涉农管理部门的支持。通过这些网络关系,农业企业可以获取更多的网络资源,从而为企业制订合适的市场导向战略提供支持。基于以上分析,本研究提出如下假设。

假设 H3:创业者社会网络对企业战略导向具有显著正向影响。

假设 H3a:情感型网络对企业市场导向具有显著正向影响。

假设 H3b:商业型网络对企业市场导向具有显著正向影响。

假设 H3c:支持型网络对企业市场导向具有显著正向影响。

(2)社会网络与创新导向战略

一些研究表明,社会网络影响企业战略(Gulatietal,2000;Baba et al.,1992;林嵩等,2009;郑晓博等,2011)。例如,创业网络的最大价值在于为新创企业战略提供了资源支持(林嵩,2009);社会网络在战略管理方面发挥了捕获信息、促进合作、替代缺失和获取资源的功能,社会网络与战略导向的匹配对企业绩效具有显著的正向影响(郑晓博等,2011);一些实证研究结论显示,社会网络对企业技术能力的提高具有显著的促进作用(Jian Zhaoquan,et al.,2009;Hagedoorn et al.,2009;Hsueh,et al.,2010)。因此,社会网络对创新导向战略具有影响。

网络成员间的互动有利于信息交换、知识的共享和相互协作,从而对企业的战略制定和实施产生影响。农业企业实施创新导向战略,需要农户的支持、积极参与和有效地执行。例如,农业企业实施产品创新、生产技术以及经营方式等创新,往往需要农户按照新产品质量标准进行生产,需要对农户进行技术培训与指导,需要农户积极参与和组织实施,农业企业只有与农户进行网络互动,农户的生产技术水平和经营管理水平才能得到提高,农户才能按照农业企业的战略导向要求实施创新。另外,农业企业实施创新战略,往往需要获取农业技术研发部门的支持,以获取新的农产品品种、新的生产技术等,农业企业还需要向其他部门学习先进的管理方法,这些都离不开社会网络的支持。

基于以上分析,本研究提出如下假设。

假设 H3d:情感型网络对创新导向具有显著正向影响。

假设 H3e:商业型网络对创新导向具有显著正向影响。

假设 H3f:支持型网络对创新导向具有显著正向影响。

9.2.4　战略导向的中介作用验证

企业可以通过社会网络关系获取资源、市场、信息和技术等,企业与客户保持密切的关系,既能帮助企业对市场环境进行准确地分析,又能通过客户反馈的信息为企业制定产品开发和不同的营销战略(Gulatietal,2000)。例如,Baba et al.(1992)通过对日本录像机行业的研究发现,日本录像机制造企业与其他组织在诸如特许合同、管理契约、分包和研发合作等协议安排中重复互动,不断发现新的市场机会,制定产品创新战略,最终在录像机行业内取得国际领先地位。因此,社会网络关系影响企业战略,对企业的成长绩效具有显著的影响。

同时,由于许多研究都已表明,战略导向将在农业创业者社会网络对企业成长绩效的影响中起中介作用,故本书提出以下假设。

假设 H4a:市场导向在情感型网络影响中小农业企业成长绩效中起中介作用。

假设 H4b:创新导向在情感型网络影响中小农业企业成长绩效中起中介作用。

假设 H5a:市场导向在商业型网络影响中小农业企业成长绩效中起中介作用。

假设 H5b:创新导向在商业型网络影响中小农业企业成长绩效中起中介作用。

假设 H6a:市场导向在支持型网络影响中小农业企业成长绩效中起中介作用。

假设 H6b:创新导向在支持型网络影响中小农业企业成长绩效中起中介作用。

通过对理论的系统梳理与归纳,本章构建了社会网络三大网络类型对中小农业企业成长绩效作用机制的概念模型,并提出了相应的理论假设,具体假设如表9-1所示。理论假设模型的核心思想认为,创业者社会网络的三大网络维度对中小农业企业成长绩效都有正向影响,市场导向战略与创新导向战略是实现"企业家社会网络—成长绩效"内在机制中的关键因素,并在市场导向战略与创新导向战略关系中起中介作用。

表 9-1　社会网络对中小农业企业成长绩效作用机制的研究假设

主要假设	假 设 内 容
H1	企业家社会网络对中小农业企业的创业成长绩效有显著正向影响
H1a	情感型网络对中小农业企业的创业成长绩效有显著正向影响
H1b	商业型网络对中小农业企业的创业成长绩效有显著正向影响
H1c	支持型网络对中小农业企业的创业成长绩效有显著正向影响
H2a	市场导向中小农业企业的创业成长绩效有显著正向影响
H2b	创新导向中小农业企业的创业成长绩效有显著正向影响
H3	社会网络对战略导向有显著影响
H3a	情感型网络对市场导向有显著影响
H3b	商业型网络对市场导向有显著影响

主要假设	假 设 内 容
H3c	支持型网络对市场导向有显著影响
H3d	情感型网络对创新导向有显著影响
H3e	商业型网络对创新导向有显著影响
H3f	支持型网络对创新导向有显著影响
H4a	市场导向在情感型网络影响中小农业企业成长绩效中起中介作用
H4b	创新导向在情感型网络影响中小农业企业成长绩效中起中介作用
H5a	市场导向在商业型网络影响中小农业企业成长绩效中起中介作用
H5b	创新导向在商业型网络影响中小农业企业成长绩效中起中介作用
H6a	市场导向在支持型网络影响中小农业企业成长绩效中起中介作用
H6b	创新导向在支持型网络影响中小农业企业成长绩效中起中介作用

9.3　研究方法

9.3.1　样本与数据收集

本研究中的受访者来自涉及农药、农产品加工、养殖、果蔬业等 210 家农业企业。调查发放问卷 210 份,回收有效问卷 132 份,有效问卷回收率为 62.8%。这些农业企业的成立时间都超过 3 年,在企业的发展阶段上处于成长期和成熟期。从个体特征上来看,样本主要以男性为主(62.1%),年龄层次集中在 50 岁以上(47.1%),文化层次以大专和本科为主(62.8%),基本符合社会网络调查要求,样本的基本情况如表 9-2 所示。

表 9-2　样本的基本情况

性别	人数	百分比(%)	年龄	人数	百分比(%)
男	82	62.1	30 岁以下	20	15.1
女	50	37.9	30—50 岁	50	37.8
			50 岁以上	62	47.1

文化	人数	百分比(%)	企业成立时间	企业数	百分比(%)	农业类别	企业数	百分比(%)
高中	39	29.5	5 年	32	24.2	农药	33	25
大专	42	31.8	5—10 年	66	50	农产品加工	41	31
本科	41	31	10 年以上	34	25.8	养殖	31	23.4
硕士	10	7.7				果蔬	27	20.6

9.3.2　研究测量

(1)企业家社会网络问卷

企业家的社会网络的问卷来自之前验证的量表,包含了 14 项测量项目,分为情感型网络(4 个题项)、商业型网络(5 个题项)、支持型网络(5 个题项)这 3 个维度。尽管 7 点刻度表能够增加变量的变异量,提高变量之间的区分度,但根据 Beulie(1994)的研究,5 点刻度量表更为可靠,因为选项超过 5 分,一般人难有足够的辨别力。因此,本研究采用李克特 5 点刻度量表进行评估,"1"表示完全不同意,"2"表示不同意,"3"表示不确定,"4"表示同意,"5"表示完全同意。其中,情感型网络的测量题项包含 1—4 项:①我与亲人之间有很好的关系,他们会帮助我解决创业问题;②我与朋友之间有很好的关系,他们会帮助我解决创业问题;③企业领导者在社会交往中注重情感交流与沟通;④企业领导者不断扩大自己的朋友交际圈。商业型网络的测量题项包含 5—9 项:⑤我们与下游买方企业或客户有很好的关系;⑥我们与上游供应商企业或农户有很好的关系;⑦我们与同类竞争企业有很好的关系;⑧企业领导者在与别人的商业交往中能够遵循互惠互利规则;⑨企业领导者不断扩大自己的商业交往圈。支持型网络的测量题项包含10—14项:⑩我们与行业内相关机构(合作社和监督机构等)建立了稳定的合作伙伴关系;⑪我们与行业内相关机构(合作社和监督机构等)保持经常性的交流沟通;⑫企业领导者与当地政府有很好的关系;⑬企业领导者与商业支持机构有很好的关系(银行、大学、科技园等);⑭企业领导者不断扩大自己的支持型网络关系圈。3个维度总共解释70.63%的变异,3个维度的内部一致性系数分别为0.722、0.732、0.812。

(2)战略导向

本研究将战略导向分为市场导向和创新导向两个维度,并从以上两个维度实证分析市场导向和创新导向对企业绩效的影响。市场导向关注企业获得持续的高绩效,致力于企业创造持续的竞争优势,而企业创造持续竞争优势的重要手段之一是为顾客创造价值。Narver et al. (1990)认为市场导向是一种组织文化,主要关注顾客、竞争者的变化,并通过组织、部门等主体之间的协调来适应变化。市场导向强调竞争者导向、顾客导向和部门间的协调。企业在成长中,创新导向具有极其重要的作用。创新不仅仅包含技术的创新,也可以是产品或服务的创新,还可以是管理的创新。

在本研究中,战略导向的测量题项选择了9项。其中,市场导向的测量题项为15—18项:⑮市场渠道的拓展;⑯企业客户的开发;⑰市场地位的调整适应;⑱企业高层不断地对竞争对手进行市场分析。创新导向的测量题目包括19—23项:⑲实施新战略或对战略进行重大改变;⑳实施新的管理方法;㉑采用新的商业模式;㉒采用新技术、新设备或新生产过程;㉓产品的创新。问卷同样采用李克特5点刻度级量表,其中,"1"表示非常不符合,"2"表示不太符合,"3"表示基本符合,"4"表示比较符合,"5"表示非常符合。

（3）农业企业成长绩效

在测量企业成长绩效时，可以运用主观绩效指标和客观绩效指标、财务指标和非财务指标、相对指标和绝对指标、单一指标和多维指标等进行测量。

本研究借鉴学者们提出的比较成熟的度量指标，结合我国中小农业企业的经营特点，初步拟订了中小农业企业的成长绩效具体指标体系，包括产品销售增长、利润增长、员工增长、客户增长、研发投入增长、新产品开发数量增长、员工培训费用增长、带动农户数量增长、农民培训人次增长、带动农户收入增长等指标。在中小企业成长绩效指标体系研究中，具体绩效指标的选择还需要对调查数据进行信度检验，然后，根据信度检验结果对指标进行取舍。

企业成长是一个过程，因此在测量成长绩效时需要考虑时间因素。设定较短的时间往往不能有效地反映出企业的成长绩效，从而严重影响研究结论。一些研究利用 5 年内销售额增长率来衡量企业的成长（Dunne et al.，1996；Merz et al.，1995），也有研究用 3 年内员工人数的相对增长来衡量企业成长（Cooperet, et al.，1994；nonekels et al.，1995；zahra，1993）。根据我国中小农业企业的特点，考虑到资料的可获得性和真实性，本研究把企业成长测度的时间界定为常用的 3 年时间，即问卷调查时的近 3 年。

综合上述分析，本研究采用问卷填写的方式，让被调查者回答：近 3 年内，相对本地主要竞争者而言，固定资产增长、企业员工数增长、主营业务销售增长率、平均利润增长率 4 个题项测量中小农业企业成长绩效，如表 9-3 所示。

表 9-3　中小农业企业成长绩效测量量表

编号	项目内容	来源
G1	企业近 3 年主营业务销售收入增长率	Wiklund(1999)
G2	企业近 3 年的员工数增长	Antoneie et al. （2001）
G3	企业近 3 年的固定资产增加	Stewart(2003)

编号	项目内容	来源
G4	企业近3年的平均利润增长率	Wall et al.（2004）

9.3.3　统计分析方法

为验证本研究概念模型提出的研究假设,在借鉴成熟量表进行问卷设计并收集真实有效的数据基础上,选择合适的研究方法或程序有利于提高研究的效度。考虑到本研究中涉及的变量为潜在变量,数据存在测量误差,为提高研究的有效性,需要选择合适的研究工具。因此,本研究将采用结构方程模型检验战略导向作为企业家社会网络影响成长绩效中介作用的理论假设,对其他假设则通过SPSS16.0统计软件验证。对回收的问卷数据进行描述性统计、信度与效度检验、相关分析、多元回归分析统计分析。

相关分析。本研究将运用相关分析方法对涉及的社会网络、战略导向、企业成长绩效及控制变量进行相关分析,考察各研究变量间是否显著相关,将其作为下一步回归分析的基础。

多元回归分析即研究一个被解释变量与多个解释变量之间的线性统计关系(马庆国,2002)。本研究采用多元回归分析方法,分别对企业家社会网络、战略导向、成长绩效3组变量之间的关系进行实证,检验本研究提出的研究假设。

结构方程模型是一种可以建立、估计和检验因果关系模型统计分析方法。模型既可以用来分析可观测的显变量之间的关系,也可以用来分析无法直接观测的潜在变量之间的关系。结构方程模型不仅可以用来做多元回归分析、路径分析、因素分析、协方差分析多种常见的统计分析,还可以对单项指标与总体以及单项指标间的相互关系进行统计分析。与传统的回归分析方法相比,结构方程模型对变量测量数据要求比较宽松,允许变量存在测量误差,能同时处理多个因变量和多个自变量,允许更大弹性的测量模型,并给出整个模型的拟合程度(Bollen et al.,1993)。结构方程模型可以分析因素结构和因素关系,因此,结构方程模型在心理学、社会学、经济管理等领域得到了广泛的应用。由于农业创业者社会网络对企业成长绩效作用机制概念模型中的情感型网络、商业型网络、支持型网络、市场导向、创新导向以及成长绩效是不可直接观察的潜在变量,对这些潜在变量的测量具有主观性强、难以直接测量、测量误差大等特征,变量之间的路径和因果关系比较复杂,因此,采用结构方程模型对潜在变量进行统计分析较为适合。本研究将运用结构方程建模(Structural Equation Modeling,SEM)的方法对上述变量之间的关系进行统计分析,揭示农业创业者社会网络对企业成长绩效的影响及其作用机制。

9.4 研究结果分析

9.4.1 因素分析

1. 战略导向因素分析

根据战略导向的成熟测量量表,市场导向问卷的项目比较多。为提高测量信度与效度,本研究在访谈的基础上,结合已有的成熟量表,制定出适合农业企业战略测量量表题项;然后,对问卷进行试测、修改;最后,用修改后的问卷题项对农业企业进行大样本问卷调查。经过修改和试测后的量表包括如下内容:4 个项目测量市场导向,5 个项目测量创新导向。本研究利用量表对市场导向和创新导向进行探索性和验证性的因素分析。探索性因素分析结果如表 9-4 所示。

表 9-4　战略导向因素分析（N＝132）

测 量 项 目	因素 1	因素 2
因素 1:市场导向　　　　a 系数＝0.756		
①市场渠道的拓展	0.857	0.112
②企业客户的开发	0.783	0.272
③市场地位的调整适应	0.705	0.202
④企业高层不断地对竞争对手进行市场分析	0.789	0.095
因素 2:创新导向　　　　a 系数＝0.737		
①实施新战略或对战略进行重大改变	0.101	0.836
②实施新的管理方法	0.065	0.742
③采用新的商业模式	0.212	0.768
④采用新技术、新设备或新生产过程	0.065	0.621
⑤产品的创新	0.043	0.784
各因素解释变异的百分比（％）	26.25	25.29

注:本次调查共发放问卷 210 份,回收 132 份。

　　根据战略导向内容及其测量量表,本研究在因素分析中抽取了两个因素。表 9-4 的因素分析结果显示,KNO 值为 0.857,适合做因素分析,分析抽取了两个因素,抽取的项目和内容符合上述研究的构思,抽取的两个因素分别被命名为市场导向和创新导向,以上两个因素分别解释了 26.25％和 25.29％的变差,两个因素总共解释 51.54％的变差。从因素负荷看,除一个项目外,其他测量题项的因素负荷都大于 0.7,最大值为 0.857。从测量信度看,市场导向包含 4 个题项,内部一致性系数为 0.756;创新导向包含 5 个题项,因素负荷系数都大于 0.6,内部一致性系数为 0.737。

　　为了进一步验证战略导向模型的构思,本研究根据探索性因素分析的测量项目进行验证性因素分析,采用极大似然法进行估计。战略导向的验证性因素分析结果和相关参数检验值如表 9-5 所示。

表 9-5 战略导向验证性因素分析拟合指标

测量模型	χ^2	df	RMSEA	GFI	AGFI	NFI	TLI	CFI	IFI
M1 独立模型	203.01***	25							
M2 验证模型	18.023*	10	0.07	0.95	0.97	0.93	0.93	0.97	0.95

注：* p<0.05，*** p<0.001。

表 9-5 验证性因素分析结果显示，战略导向的 χ^2 值为 18.023，与自由度的比值为约 1.8，各项拟合指标都大于 0.9，拟合良好，RMSEA 值为 0.07，小于 0.08，该指标偏大，但尚在可接受范围之内，表明模型有中等的拟合优度。另外，验证性因素分析结果显示，每个因素的负荷都大于 0.50，因此，修改后的战略导向问卷量表可以有效测量战略行为。

（2）中小农业企业成长绩效因素分析

结合表 9-3，本研究对中小农业企业成长绩效所包含的 G_1-G_4 这 4 个题项做信度分析，以克伦巴赫 a 系数检验各个因素的信度值，检验结果如表 9-6 所示。从表 9-6 可以看出，中小农业企业成长绩效各因素的克伦巴赫 a 系数值均大于 0.5，量表的总体信度为 0.798，说明中小农业企业成长绩效量表具有较好的信度。

表 9-6 中小农业企业成长绩效的 CITC 和信度分析

项 目	CITC	AID	a 系数
G1	0.566	0.522	
G2	0.506		Alpha＝0.798
G3	0.551	0.557	
G4	0.352	0.858	

其次，进一步对测量题目做因素分析，因素分析结果如表 9-7 所示，总共提取一个特征根大于 1 的因素，经检验，KMO 值 0.75，适合做因素分析。根据各个测量题项包含的内容，本研究将该因素命名为企业成长绩效。各题项的因素负荷值在 0.50—0.895，经计算，该因素累计解释的变差达到 63.7%，表明该因素的测

量题项具有良好的聚合效度。

表 9-7　中小农业企业成长绩效因素分析结果

题　项	因素载荷系数
	中小农业企业成长绩效
G1	0.867
G2	0.895
G3	0.843
G4	0.534

9.4.2　相关分析

为了进一步分析创业者社会网络、战略导向和创业绩效等变量之间的内在关系,本研究从变量的维度层面分别对上述变量之间的关系进行了 Pearson 相关分析,以实证分析前述提出的基本构思模型和部分研究假设,从而分析各变量之间尤其是不同变量维度间的内部关系。另一方面,相关分析虽然可以反映出变量之间相关的强度大小,但无法判断它们是否具有因果关系(邱皓政,2000)。因此,模型和部分假设的验证工作有待后续的回归分析来实现。

本研究模型中 3 个主体变量各维度之间的相关系数如表 9-8 所示。其中,社会网络由情感型网络、商业型网络和支持型网络 3 个维度构成;战略导向分为市场导向和创新导向两个维度;成长绩效只有单一维度。

表 9-8　变量维度相关性分析

	情感型网络	商业型网络	支持型网络	市场导向	创新导向	成长绩效
情感型网络	1					
商业型网络	0.109**	1				

	情感型网络	商业型网络	支持型网络	市场导向	创新导向	成长绩效
支持型网络	0.094 *	0.327 **	1			
市场导向	0.224 **	0.412 ***	0.103 *	1		
创新导向	0.076	0.364 **	0.412 ***	0.106 **	1	
成长绩效	0.102 **	0.438 ***	0.172 ***	0.512 **	0.436 **	1

注：*** 在 0.01 水平（双侧）上显著相关；** 在 0.05 水平（双侧）上显著相关；* 在 0.1 水平（双侧）上显著相关。

表 9-8 中相关分析结果显示，在社会网络方面，情感型网络维度与创新导向战略没有显著相关性，但与其他变量维度呈现出不同程度的相关性；商业型网络与所有变量维度具有显著的相关性；支持型网络与创新导向和成长绩效维度具有不同程度的相关性。其次，在战略导向方面，市场导向和创新导向分别与成长绩效具有显著相关性。

9.4.3　社会网络对中小农业企业成长绩效影响分析

相关分析仅可判断变量之间联系的紧密程度，无法据此判断变量之间是否具有因果关系。比较而言，回归分析可以进一步指明变量之间以及维度之间关系的方向，可以进行影响因素分析，并在对被研究变量之间关系的性质判断的基础上，运用回归分析方法对变量之间的因果关系进行分析判断。

在上一节中，本研究已经实证分析了成长绩效与社会网络的变量之间的相关关系。在此，本节将采用回归分析方法进一步实证分析企业家社会网络对企业成长绩效的影响，以更深入地分析农业创业者社会网络对企业成长绩效的影响机制。

如表 9-9 回归所示，分析结果显示，相关变量维度对成长绩效具有显著性影响，该模型调整后 R^2 略小（与样本量和变量数量有关），拟合优度偏低，VIF 值在 1.4—3.08 之间，模型拟合存在一定程度的多重共线性，模型 F 值在 0.001 水平下

显著。因此,模型基本成立。故企业家社会网络与成长绩效的关系评价模型为:

成长绩效＝0.101×情感型网络＋0.425×商业型网络＋0.350×支持型网络

表 9-9　成长绩效对创业者社会网络回归分析

Model	标准化回归系数	T 值	显著性水平	共线性统计值	
	B			Tolerance	VIF
(Constant)		0.000	1.000		
商业型网络	0.425	6.823	0.000	0.324	3.082
支持型网络	0.350	5.947	0.000	0.363	2.752
情感型网络	0.101	2.388	0.018	0.668	1.497

注:调整 $R^2=0.70$,$F=186.996$。

以上回归结果显示,企业家社会网络中情感型网络、商业型网络和支持型网络对中小农业企业创业成长绩效有着显著的影响,其中,商业型网络是影响农业企业创业成长绩效的最大因素,商业网络为农业企业创建和成长提供了获取客户资源的渠道,创业者开发顾客网络规模越大、网络强度越高,能从商业型社会网络中获取资源也越多,企业的创业绩效也越高。因此,商业型网络是中小农业企业实现成长的关键因素;其次,支持型网络在中小农业企业成长中发挥了重要作用,中小农业企业成长需要获取资金、信息、土地、技术等各方面的支持,而企业融资难问题一直是困扰中小农业企业成长的主要难题,因此,在企业创建和成长过程中,中小农业企业如果能得到银行金融部门的资金支持,得到政府、科技推广部门在土地、项目和技术方面的支持,将能极大地解决资金短缺问题,这对维持企业生存和促进企业成长也能发挥重要的作用。另外,支持型网络在资金、土地、税收、补贴等方面虽然为企业生存和成长提供了极大的支持,但是,这些优惠政策能否转化为企业能力和经营绩效,最终还需要通过产品市场予以实现。实证结果显示,情感型网络对中小农业企业成长绩效具有显著的正向影响,亲戚朋友等情感型网络为农业企业的创建、成长提供了资金、信息等资源获取渠道,从而有利于企业的创建和成长。以上 H1a、H1b 和 H1c 假设得到验证。

9.4.4 社会网络对企业战略导向的影响分析

在战略导向变量的研究中,本研究通过实证将战略导向划分为两个维度——市场导向和创新导向,以下将采用线性回归方法实证分析市场导向战略和创新导向战略对社会网络的影响。

如表 9-10 所示,商业型网络的回归系数为 0.392,显著性水平为 0.000,在 0.001 显著性水平下,商业型网络对市场导向战略具有显著的正向影响,商业型网络规模越大、强度越高,将越有利于创业者从客户、供应商等社会网络中获取客户资源、信息、知识、管理经验等资源,并可以根据外部环境的变化,制定出正确的经营战略,因此,农业创业者的商业型网络对企业市场导向战略具有正向影响。情感型网络和支持型网络分别在 0.010 显著性水平下,可见对市场导向战略有显著的正向影响。情感型网络规模越大、网络强度越高,越有利于农业创业者从亲戚朋友等网络成员中获取资金、信息、知识以及其他物质资源和条件的支持,从而为企业的创建及制定市场战略提供支持。因为,农业创业者在制定市场战略之前,必须根据自身资源条件以及外部环境进行战略分析,确定战略目标,制定战略方案。情感型网络在战略制定过程中将为农业创业者提供信息、知识、资金和人力资源等方面的支持。因此,情感型网络有利于创业者市场战略的制定和实施。支持型网络在本研究中对市场导向战略导向具有显著的正向影响。政府、金融部门、农业技术推广和行业协会等支持型网络可以为农业创业者提供土地、财政补贴、资金、技术、信息和管理经验等资源,创业者可以根据外部资源和市场信息制定出市场战略,从而促进企业成长。因此,支持型网络不同程度地对企业市场战略产生影响,H3a、H3b 和 H3c 假设得以成立。

表 9-10   市场导向战略对社会网络类型回归分析

	标准化回归系数	T 值	显著性水平	共线性统计值	
	Beta			Tolerance	VIF
(Constant)		0.000	1.000		
支持型网络	0.204	2.698	0.007	0.575	1.739
情感型网络	0.216	3.207	0.002	0.795	1.258
商业型网络	0.392	4.133	0.000	0.598	1.672

注:调整 $R^2=0.299,F=34.47$。

如表 9-11 所示的回归结果可以看出,情感型网络在回归分析中的回归系数没有达到显著性水平,对企业创新战略没有产生明显影响。情感型网络为企业提供创业资金、信息和其他物质条件的支持,而农业企业创新主要包括农业技术创新、经营方式创新和管理模式等方面的创新。情感型网络很难在创新战略方面为农业企业提供实质性的支持,因此,对企业实施创新导向战略没有产生显著影响。而商业型网络和支持型网络的回归系数都对创新战略产生了显著的正向影响。商业型网络可以为企业创新提供信息、知识、客户、经营模式等方面的支持,而这些因素是企业实行创新不可或缺的关键因素。政府、金融机构、农业技术推广、行业协会等支持型网络,可以为农业企业实行创新战略提供技术支持、项目支持、资金和信息等方面的支持,这些支持是农业企业实行创新战略的重要因素。由此可见,商业型网络和支持型网络对农业企业实行创新战略发挥重要的影响。上文提出的 H3e 和 H3f 假设得以成立,H3d 假设未能获得验证。

表 9-11   创新导向对社会网络类型回归分析

	标准化回归系数	T 值	显著性水平	共线性统计值	
	Beta			Tolerance	VIF
(Constant)		0.000	1.000		
商业型网络	0.252	2.535	0.012	0.724	1.382

续　表

	标准化回归系数	T 值	显著性水平	共线性统计值	
	Beta			Tolerance	VIF
支持型网络	0.342	4.155	0.000	0.593	1.685
情感型网络	−0.007	−0.118	0.906	0.645	1.551

注：调整 $R^2=0.385$，$F=50.057$。

9.4.5　战略导向对成长绩效的影响

大量研究表明,企业战略对企业绩效具有显著的影响,也是企业实现成长的重要因素(Poter,1980;Janczak,2005;Arora et al.,2011;Tang et al.,2012;项国鹏,2013)。战略导向是企业为了获取持续的高绩效而奉行的一种战略方向,并会导致相应的战略行动,实现企业持续的高绩效(Gatignon,1997);战略导向也是一个"变化中的过程"(Andrews,1971)。对于企业战略,学界有不同的分类,市场导向与创新导向战略就是其中的一种战略模式分类,许多学者围绕这种战略模式进行了大量的研究,并取得了大量的研究成果。例如,有学者研究认为,市场导向的创业战略对组织绩效具有显著的正向影响(Cano, Carrillat et al.,2004),创新导向与创业组织的绩效之间具有显著的正向影响(Atuahene-Gima,1996;Hult, et al.,2004);市场导向和创新导向分别与企业绩效存在显著相关性(Johnson,1997);社会网络功能与企业战略匹配良好的企业具有较好的绩效(郑晓博等,2011)。

农业企业直接或间接从事农产品生产经营活动,而农产品会不同程度地受到自然风险和市场风险的影响。农业技术创新速度缓慢,风险大,具有很强的外部性。因此,聚焦于市场,以市场为导向,满足顾客的需求,提升产品市场竞争力,就成为众多农业企业首要的战略选择。众所周知,农产品市场是个竞争较为充分的市场,农产品具有较高的价格需求弹性,消费者对农产品的价格较为敏感,因此,市场导向战略可以为企业带来较高的绩效。农业发展与农业科技密不可分,科技进步是促进农业发展的最主要因素,是第一生产力。农产品市场竞争激烈,尽管低成本竞争是农业企业赢得市场的一种重要方式,但是,伴随着飞速发展的农业科技创新,企业想要在市场竞争中取胜,创新尤其是农业科技创新是关键,创新战略逐渐成为农业企业开展竞争的最重要战略模式。基于以上分析,本书运用调查数据和多元回归分析方法实证分析战略导向对农业企业绩效的影响。回归分析结果如表9-12所示。

表 9-12   成长绩效对战略导向的回归分析

	标准化回归系数	T 值	显著性水平	共线性统计值	
	Beta			Tolerance	VIF
(Constant)		0.000	1.000		
市场导向	0.502	8.454	0.000	1.000	1.000
创新导向	0.437	6.492	0.000	1.000	1.000

注:调整 $R^2=0.748,F=350.135$。

表 9-12 回归分析结果显示,市场导向战略和创新导向战略的回归系数达到显著性水平,其中,市场导向的回归系数为 0.502,显著性水平为 0.000,在 0.001 水平下,对农业创业成长绩效具有显著的正向影响;创新导向的回归系数为 0.437,显著性水平为 0.000,在 0.001 水平下,对农业创业成长绩效有显著的正向影响。以上回归结果显示,市场导向是影响农业企业创业成长绩效的最主要因素,而创新导向也是影响企业成长绩效极其重要的因素,创新导向绩效最终需要通过市场竞争才能实现。故假设 H2a 和 H2b 得到证实成立。

9.4.6   战略导向的中介效应分析

中介作用表示自变量与因变量之间的影响关系,自变量通过第三方的间接影响使因变量发生相应效应,此时,第三方产生的作用称之为中介效应,第三方即是中介变量。所谓中介变量是指自变量对因变量的影响中起着媒介作用的变量,帮助解释自变量对因变量的影响,揭示自变量对因变量产生影响的过程,是一个深度变量。即自变量 X 对因变量 Y 的影响,如果 X 通过影响变量 M 来影响 Y,则称 M 为中介变量。对于中介效应的检验方法一般采取 Baron, et al. (1986)提出的因果步骤法,可分为 3 步:第一,因变量 Y 对自变量 X 回归,自变量 X 回归系数达到显著性水平;第二,中介变量 M 对自变量 X 回归,自变量回归系数 a 达到显著性水平;第三,因变量 Y 同时对自变量 X 和中介变量 M 回归,得出回归方程中自变量回归系数变小,中介变量回归系数达到显著性水平,表示中介变量 M 存在中介效应,此时自变量回归系数不显著,则称这个中介效应是完全中介效应;如果自变量回归系数变小且达到显著性水平,则称这个中介效应是部分中介效应。

本节所做的中介效应检验,是基于前面企业家社会网络、战略导向和中小农业企业成长绩效 3 个变量之间的两两相关性分析。这为检验战略导向在社会网络与中小农业企业成长绩效之间是否存在中介效应提供了重要基础,本部分运用 SPSS16.0 软件,采取多元回归分析,依次检验中介效应。

本节研究重点提出的有关企业家社会网络、战略导向和成长绩效之间关系成立的关键问题是验证战略导向变量的中介效用。在前文有关社会网络与中小农业企业成长绩效的关系研究中,笔者根据战略导向对社会网络的回归分析得出,创新导向在情感型网络影响中小农业企业成长绩效中不存在显著性影响,因此前面的假设 H4b 得不到支持。

由此可以重点做战略导向对商业型网络、支持型网络与成长绩效的中介作用分析,具体情况如表 9-13 所示。

表 9-13　成长绩效对情感型网络和市场导向的回归分析

自变量	模型一		模型二		模型三	
	成长绩效		市场导向		成长绩效	
	B	t 值	B	t 值	B	t 值
情感型网络	0.106**	2.39	0.224***	9.858	0.158*	1.941
市场导向					0.371***	8.219
调整后 R^2	0.245		0.29		0.597	
F 值	42.38***		47.19***		157.11***	

注：＊＊＊、＊＊、＊分别在 0.01、0.05 和 0.1 水平（双侧）上显著。

表 9-13 回归结果显示,成长绩效和市场导向分别对情感型网络进行回归,情感型网络的回归系数分别达到显著性水平,模型三成长绩效同时对情感型网络和市场导向进行回归,情感型网络回归系数由 0.106 增至 0.158,且在 0.10 水平上达到显著性,因此,市场导向在情感型网络中对农业成长绩效起着部分中介作用,即情感型网络一方面通过影响市场导向战略对成长绩效产生正向影响,另一方面对成长绩效产生直接影响。故前文提到的假设 H4a 得以成立。

如表 9-14 所示,回归结果显示成长绩效和市场导向分别对商业型网络进行回归,其回归系数分别达到显著性水平,最后,成长绩效同时对商业型网络和市场导向进行回归,商业型网络回归系数由 0.437 减少到 0.298,并且达到显著性水平,因此,在农业创业者商业型网络对成长绩效的影响中,市场导向战略起到部分中介作用。故前文提到的假设 H5a 得以成立。

表 9-14　成长绩效对商业型网络和市场导向的回归分析

自变量	模型一		模型二		模型三	
	成长绩效		市场导向		成长绩效	
	B	t 值	B	t 值	B	t 值
商业型网络	0.437***	6.05	0.411***	6.98	0.298***	3.95

续　表

自变量	模型一		模型二		模型三	
	成长绩效		市场导向		成长绩效	
	B	t 值	B	t 值	B	t 值
市场导向					0.448***	14.06
调整后 R^2	0.23	0.17	0.56	F 值	34.49***	48.77***

注：＊＊＊、＊＊、＊分别在 0.01、0.05 和 0.1 水平（双侧）上显著。

如表 9-15 所示,回归结果显示,成长绩效分别对商业型网络和创新导向进行回归,两个自变量对成长绩效具有显著性影响,模型三同时对商业型网络和创新导向进行回归,商业型网络回归系数由 0.437 减少到 0.321,且达到显著性水平,表明创新导向在商业型网络对成长绩效影响过程中具有部分中介作用。故前文提到的假设 H5b 得以成立。

表 9-15　成长绩效对商业型网络和创新导向的回归分析

自变量	模型一		模型二		模型三	
	成长绩效		市场导向		成长绩效	
	B	t 值	B	t 值	B	t 值
商业型网络	0.437***	6.05	0.364***	5.98	0.321***	6.31
创新导向					0.426***	14.06
调整后 R^2	0.23	0.13	0.56	F 值	39.49***	36.65***

注：＊＊＊、＊＊、＊分别在 0.01、0.05 和 0.1 水平（双侧）上显著。

如表 9-16 所示,回归结果显示,创业成长绩效、市场导向分别对支持型网络有显著的正向影响,模型三加入市场导向之后,自变量支持型网络对成长绩效具有显著性影响,且回归系数由模型一的 0.172 减少到 0.103,表明市场导向在农业企业创业者支持型网络对成长绩效的影响中起着部分中介作用,即支持型网络一方面通过市场导向战略对成长绩效产生影响,另一方面对成长绩效具有直接影响。故前文提到的假设 H6a 得以成立。

表 9-16 成长绩效对支持型网络和市场导向的回归分析

自变量	模型一		模型二		模型三	
	成长绩效		市场导向		成长绩效	
	B	t 值	B	t 值	B	t 值
支持型网络	0.172***	2.670	0.204***	6.98	0.103***	3.95
市场导向					0.427***	9.96
调整后 R^2	0.025	0.17	0.47	F 值	7.13***	48.77***

注:***、**、*分别在 0.01、0.05 和 0.1 水平(双侧)上显著。

如表 9-17 所示,回归结果显示支持型网络和创新导向分别对成长绩效具有显著性影响,模型三成长绩效同时对支持型网络和创新导向回归,支持型网络回归系数由 0.172 减少到 0.134,且达到显著性水平,表明创新导向在支持型网络对成长绩效影响中起到部分中介作用。以上实证分析结果验证了假设 H6b 成立。

9-17 成长绩效对支持型网络和创新导向的回归分析

自变量	模型一		模型二		模型三	
	成长绩效		市场导向		成长绩效	
	B	t 值	B	t 值	B	t 值
支持型网络	0.172***	2.670	0.413***	7.18	0.134**	2.39
创新导向					0.398***	8.88
调整后 R^2	0.025	0.15	0.27	F 值	7.13***	38.27***

注:***、**、*分别在 0.01、0.05 和 0.1 水平(双侧)上显著。

9.5 结论与讨论

前面章节的实证分析对本研究的研究假设进行了验证,得出如下假设总结,如表 9-18 所示。

表 9-18　假设检验总结表

主要假设	假设内容	结果
H1	企业家社会网络对中小农业企业的成长绩效有正向影响	
H1a	情感型网络对中小农业企业成长绩效有正向影响	支持
H1b	商业型网络对中小农业企业成长绩效有正向影响	支持
H1c	支持型网络对中小农业企业成长绩效有正向影响	支持
H2a	市场导向对中小农业企业的成长绩效有正向影响	支持
H2b	创新导向对中小农业企业的成长绩效有正向影响	支持
H3	社会网络对战略导向有正向影响	
H3a	情感型网络对市场导向有正向影响	支持
H3b	商业型网络对市场导向有正向影响	支持
H3c	支持型网络对市场导向有正向影响	支持
H3d	情感型网络对创新导向有正向影响	不支持
H3e	商业型网络对创新导向有正向影响	支持
H3f	支持型网络对创新导向有正向影响	支持
H4a	市场导向在情感型网络影响中小农业企业成长绩效中起中介作用	支持
H4b	创新导向在情感型网络影响中小农业企业成长绩效中起中介作用	不支持
H5a	市场导向在商业型网络影响中小农业企业成长绩效中起中介作用	支持
H5b	创新导向在商业型网络影响中小农业企业成长绩效中起中介作用	支持
H6a	市场导向在支持型网络影响中小农业企业成长绩效中起中介作用	支持
H6b	创新导向在支持型网络影响中小农业企业成长绩效中起中介作用	支持

在假设 1 的研究中,笔者重点研究了企业家社会网络与中小农业企业成长绩效之间关系,把社会网络重点划分了情感型网络、商业型网络、支持型网络,通过对各个变量进行量表开发测量,运用 spss 统计软件分析,做出了变量之间的相关性分析和回归分析。在相关性分析中得出情感型网络、商业型网络、支持型网络之间基本上具有很好的关联性,为下一步开展中小农业企业成长绩效对社会网络的回归分析提供依据。通过回归结果分析,首先得出了情感型网络与中小农业企业成

长绩效具有显著相关,但系数值不算很大,可以认为情感型网络对中小农业企业成长绩效取得具有一定的影响。这样的研究结论也与企业的经营实际比较符合,这说明农业企业在创建初期,很多情况下需要朋友、亲人的帮助和支持,拥有良好的情感型关系资源是新创企业开展各项工作的重要条件。由于江西省当地的农业企业是基于当地的资源优势建成的,且距离长三角和珠三角市场这类比较发达的区域有一定的距离,因此这类企业的前期发展重点是依靠创业者的人缘关系获取资源,例如获得亲戚朋友市场销路的介绍、资金的融通等一些支持,使得企业得以顺利创建,并促进企业得到初步成长,此时良好的情感型关系网络为企业的发展提供了巨大帮助。但从企业的长远发展角度看,一个企业的持续成长主要源于自身实力的积累和竞争力的提升,因此,情感型网络这种外力的帮助就存在一定的局限性,这也印证了本研究的结论——情感型网络对企业成长绩效的正向影响相对较小。

其次,在回归分析中可以看出,商业型网络对中小农业企业成长绩效具有显著性正向影响,而且系数值比较大,即商业型网络对中小农业企业成长绩效的取得具有重要作用。这说明对企业而言,与产业链上各种商业伙伴尤其是顾客维持良好关系,是中小农业企业获得持续发展的重要保障。企业是一个以盈利为目标的经济组织,追求利润最大化的共同目标促使企业间进行合作。同样,对中小农业企业而言,发展扩大各种商业网络尤其重要,农业企业面临最重要的问题就是市场销路问题,与各种商业伙伴构建和维持较好的关系网络,将有利于企业获取市场信息,拓展销售渠道,促进产品销售,提高企业经营业绩,促进企业取得良好的成长绩效。

最后,在支持型网络与农业企业成长绩效的回归分析中,实证结果显示,支持型网络对农业企业创业成长绩效具有显著的正向影响,这说明农业企业与政府、金融机构、大学科研院所等构建的关系,对中小农业企业的成长绩效具有重要的作用。农业企业的创建和成长往往离不开政府提供的土地支持,政府对农产品经营企业给予税收优惠、财政补贴和项目支持,这些支持对于农业企业创建、生存和成长具有极其重要的作用。另外,银行、农业技术研发和推广部门给予农业企业的资金、科技支持,也是农业企业取得良好创业绩效的重要保障。当然,中小农业企业成长关键取决于企业内部能力和市场竞争优势,外部支持只能起到扶持的作用,这在一定程度上打破了企业资源瓶颈,但企业成长的关键在于企业内部能力、战略和竞争优势。

在假设 2 的研究中,重点研究了战略导向即市场导向和创新导向对中小农业企业成长绩效的影响,本研究在量表开发中,结合文献采用了比较成熟的量表,选取了具有代表性的题项来测量这两个维度;其次,对战略导向两个维度变量进行了相关和回归分析,得出了战略导向与企业成长绩效之间高度相关性和正向的显著影响,市场导向对中小农业企业成长绩效的影响系数相对较大,而创新导向对中小农业企业成长绩效的影响系数相对较小,说明市场导向战略对于中小农业企业的成长绩效具有更大的影响,实施市场导向战略,企业更容易快速成长。而实施创新导向战略,虽然能促进中小农业企业成长,但短期内对成长绩效影响较小。其原因在于,农业企业通过产品创新、技术创新向市场推出新的农产品,这些新的农产品获得消费者青睐需要一个过程,短期内难以取得立竿见影的效果;其次,农产品创新风险较高,创新需要耗费较高成本,例如当前食品安全已经引起了全社会的高度关注,人们期盼在市场上能够购买到安全的农产品,绿色、有机食品越来越受到消费者的青睐,但是,绿色、有机农产品生产对土壤、肥料以及其他农业生产资料的品质要求高,其生存成本高、产量低,因此市场价格高,而且由于信息不对称以及食品安全管理机制不健全等原因,绿色、有机农产品在市场上难以获得消费者的信任,较少有消费者愿意支付数倍于同类农产品价格购买它们。因此,许多农产品创新难以获得消费者认可、接受,难以为农业企业带来创新绩效。农产品创新要想取得创新绩效,必须在提高劳动效率的前提下为消费者带来更高的效用,为消费者所接受,为农业企业带来创新绩效。

在假设 3 的研究中,本研究也对变量战略导向即市场导向、创新导向与情感型网络、商业型网络、支持型网络之间进行了相关性分析和回归分析,得出了这 3 种社会网络类型对市场导向和创新导向具有不同的影响。一方面,在市场导向对于3 种社会网络类型的回归分析中,商业型网络对市场导向的影响系数较大;其次,情感型网络和支持型网络对企业实行市场导向战略也发挥着重要作用。

结合中心农业企业的经营实际情况,农业企业在其发展的过程中,企业领导者不断构建其社会网络关系,扩大其在行业中或整个社会上的影响力,其中这种商业型社会网络关系的关键作用在于促进企业的经营业绩的提升,商业伙伴关系的良好维护将直接作用于企业绩效,并促进企业成长。情感型的网络类型对于市场导向的影响,可以描述为人际关系的交际圈,扩大大家获取信息的范围,不同人员之间的异质信息能使得企业及时捕获商机。另外,情感型网络中的成员控制资源不同,控制着稀缺资源的关系成员若为企业所用,则会对企业的发展起到促进作用。例如,农业创业者拥有具备广泛社会关系的亲戚、公关销售能力很强的朋友以及各种经纪人等情感型网络关系,将使农业企业获取更多的市场订单。支持型网络是为企业提供支持的经营环境,其中的参与者包括政府、金融机构、科研机构等,对于中小农业企业而言,这些支持型网络往往是企业维持生存绩效,实现快速成长的重要因素。因此,支持型网络对企业实现成长具有重要的作用。

在假设 4 的验证中,本研究重点运用层次回归分析方法,将市场导向战略和创新导向战略作为中介变量,分别对其在企业家社会网络与中小农业企业成长绩效的中介作用进行实证分析。实证结果显示,在情感型社会网络对农业企业创业成长绩效的影响中,市场导向具有中介效应,情感型网络不仅影响了企业市场导向战略,还通过市场导向战略对创业成长绩效产生影响,而且,情感型网络还直接对农业企业创业成长绩效产生影响。

　　在假设 5 的验证中,将市场导向战略和创新导向战略作为中介变量,在商业型网络对中小农业企业成长绩效的影响中,市场导向战略发挥了中介作用,即商业型网络通过影响农业企业市场导向战略对创业成长绩效产生影响,同时还对创业成长绩效产生直接影响,商业型网络可以为企业带来顾客资源,促进企业销售的增长,提高企业绩效。

　　在假设 6 的验证中,在支持型网络对中小农业企业创业成长绩效的影响中,市场导向战略起着中介作用,支持型网络可以为创业者提供资金、农业技术、财政补贴甚至产品销售等方面的支持,这些支持有利于创业者制定正确的市场竞争战略,从而提高创业绩效,促进企业成长。另外,支持型社会网络可以直接提高企业创业绩效。创新导向在创业者社会网络对中小农业企业成长绩效的影响中具有中介作用。其中,在商业型社会网络对中小农业创业成长绩效的影响中,创新导向战略具有中介作用,农业创业者商业型网络不仅影响创新战略,而且通过创新战略对创业成长绩效产生影响。商业型社会网络可以为创业者带来顾客、信息、知识、管理经验等资源,这些资源将有助于创业者制定战略,提升企业绩效。实证结果显示,在支持型网络对中小农业企业创业成长绩效的影响中,创新导向战略具有中介作用。政府的财政补贴和科技项目支持可以促进农业企业进行创新,实施创新战略,从而有利于提高企业绩效;银行、行业协会、农业科研院所和农技推广部门可以为农业企业提供资金、技术和信息,从而为农业企业要实现创新提供支持,最终促进创业绩效的提高。

　　以上中介变量的实证结果表明,情感型网络、商业型网络和支持型网络对企业的成长具有不同程度的影响,中小农业企业要实现企业持续成长,应该根据企业环境和内部资源条件制定合适的企业战略,关注市场导向战略和创新导向战略对企业成长的影响,构建有利于促进企业战略实施、提高企业绩效的社会网络,推动企业成长。江西省属于经济欠发达地区,市场经济发展滞后,如何开拓市场是众多中小农业企业面临的最主要的难题,实施市场导向战略是众多中小农业企业创业成长的最主要战略。江西省也是生态环境质量保护最好的地区之一,实施创新导向战略,大力发展生态、有机、无公害等绿色农业,也是一些中小农业企业的战略选择,但从这些创新导向战略实施效果看,绝大多数从事生态、有机和无公害等绿色农产品生产经营的农业企业的绩效并不高,创新导向战略绩效偏低,农业企业的创新导向战略绩效往往要低于市场导向战略。因此,为促进中小农业企业成长,中小农业企业不仅要加强构建企业家社会网络,还应研究社会网络与企业战略的匹配性,只有制定合适的企业战略,农业创业者才能最大限度地发挥其社会网络功能,提高企业绩效。

10 社会网络与农业企业成长绩效关系的缓冲变量分析

10.1 研究目的

环境决定论、组织生命周期理论与资源决定论是研究企业绩效的几个重要视角。综观已有的文献,人、环境、战略、组织和资源是研究影响企业绩效的重要因素。Aldrich et al. (2001)发现,新创企业生存、成长不但与企业战略的选择、环境有关,也与企业自身努力和环境之间的匹配有关。基于组织制度变迁视角,钱德勒认为,组织结构动力、行政协调动力和组织能力动力是企业成长的 3 个主要动因。他深入研究并提出了"环境变化——战略变革——结构更新"的企业成长路径(王坤等,2008)。波特(2005)在他的著作《竞争战略》一书中提出了企业竞争战略,并对该理论进行了系统的论述,他从产业环境的视角对企业成长进行分析,认为一个企业的成长主要取决于两方面的因素:一是企业所处行业的竞争状况;二是企业在行业中的定位。在产业竞争状况的分析中,波特提出了"五力"模型,认为竞争威胁、新进入威胁、买方讨价还价能力和卖方讨价还价能力等力量之间的平衡,决定了行业的竞争强度和获利空间,而企业的成长在很大程度上取决于该企业在本行业中所处的定位,以及其是否具有优势。企业的创业发展是一个持续连接的过程,企业从创建到成长的过程中,将经历初创期、发展期、成熟期、衰退期等若干紧密联系的不同阶段。而不同创业阶段对企业家社会网络的需要也将呈现出不同特征，不同的社会网络结构也会对企业成长绩效产生不同影响。本研究的前面章节重点研究了社会网络、战略导向和成长绩效变量之间的内在关系，分别研究了不同的社会网络类型对于中小农业企业成长绩效的影响程度，但这些因素作用的发挥会受到其他一些因素或条件的影响，找出这些具有缓冲作用的因素，界定企业家社会网络对中小农业企业创业成长绩效影响的边界或条件，使得本研究更具有系统性，并赋予其很强的实践意义。结合以上文献，从上述基于企业发展阶段过程的观点来看，行为主体所处的市场竞争环境可能是影响企业成长绩效的一个重要因素，而这正是本研究关注的焦点之一。本研究将在企业家社会网络——中小农业企业成长绩效模型的基础上，分析考察竞争强度环境因素和企业成长阶段在企业家社会网络与成长绩效关系中发挥的作用。

10.2 研究假设

Rowley(2000)研究认为，企业所处环境会影响企业家社会网络，企业环境经常会对企业战略决策以及企业的市场交易产生决定性影响，以至于必须认识和重构制度环境。许多学者研究证实了环境对社会网络和企业绩效的影响。例如，朱瑜等(2008)研究指出，由于组织或网络所处的环境不断变化，企业家的社会网络的影响机制也呈现出动态变化和发展，因此企业外部环境因素也会对产业网络的整体效用产生重要影响。Ingram et al. (2000)的实证研究结论认为，竞争强度在社会网络对战略联盟绩效关系的影响中具有显著的干扰作用。以往研究表明，企业家社会网络类型(情感型网络、商业型网络、支持型网络)对中小农业企业的成长绩效的影响还与环境因素有关。环境因素(竞争强度、企业成长阶段)等社会网络对中小农业的成长绩效有交互影响。环境因素在社会网络对中小农业企业的影响中起着缓冲作用。据此,本章提出如下假设。

假设 1:竞争强度与企业家社会网络对农业企业成长绩效有交互作用。

假设 1a:竞争强度与情感型网络对农业企业成长绩效有交互作用。

假设 1b:竞争强度与商业型网络对农业企业成长绩效有交互作用。

假设 1c:竞争强度与支持型网络对农业企业成长绩效有交互作用。

以往研究表明,企业规模大小、创业阶段等组织因素与网络嵌入对经济行为的作用效果有显著相关。Hite et al.(2001)研究认为,企业创建初期,企业家的社会网络主要是基于个人身份的情感型网络;伴随着企业的成长,企业网络逐步演化为基于利益需要的商业型网络,以商业利益交换为基础的商业型网络尤其凸显,日趋重要。在战略管理理论看来,企业在不同发展阶段,应该有不同战略与之相匹配。创业企业社会网络演化具有阶段性特征(易忠梅等,2013),并不断演化(董保宝,2013;Coad et al.,2011)。在战略制定过程中,企业家起着决定性作用(Wilkund,1999),企业家会根据企业内外部环境的变化不断进行战略调整(Nelson,1991;Venkatraman,1989)。基于上述分析,本章提出如下假设。

假设 2:企业成长阶段与企业家社会网络对农业企业成长绩效有交互作用。

假设 2a:企业成长阶段与情感型网络对农业企业成长绩效有交互作用。

假设 2b:企业成长阶段与商业型网络对农业企业成长绩效有交互作用。

假设 2c:企业成长阶段与支持型网络对农业企业成长绩效有交互作用。

10.3　研究方法

10.3.1　竞争强度测量问卷

本研究中竞争强度的问卷主要来源于学者 Ambler et al.(1999)在相关研究

中已经多次使用和检验过的测量项目,再结合农业企业的特点,经过调整修订而成。本研究对量表信度进行分析,并采用因素分析方法把测量项目转换成一个因素,用以进行实证分析。Ambler et al. (1999)在他们的研究中指出,竞争强度的测量题项通常可以用同行业中竞争者的数量的多少、同行业企业在价格竞争上的激烈程度及这些竞争者之间是否充满敌意及敌意的程度予以体现。所以,本研究将借鉴以上学者的观点,把竞争强度定义为在企业的整体社会网络中,同类型的竞争者数量的多寡、农业企业与竞争对手之间价格竞争的程度以及本企业与农业企业竞争者之间彼此敌意的程度。与此同时,依据前面的变量测量方式,采用李克特5点刻度量表进行测量,其中,"1"表示完全不同意,"2"表示不同意,"3"表示不确定,"4"表示同意,"5"表示完全同意。

10.3.2 缓冲效应的验证方法

缓冲效应是交互效应的一种,是有因果指向的交互效应。本研究假设,环境中的竞争强度对中小农业企业创业成长绩效有正向影响,包括两个方面:一是调节两者之间的关系方向;二是调节两者的关系强度。本研究采用层次回归法验证假设中的缓冲效应。

10.3.3 数据来源

本章数据源于第9章中回收的132份农业企业的调查问卷,相关数据特征见第9章。

10.4 结果分析

10.4.1 竞争强度问卷量表的信度和效度分析

本研究首先采用因素分析方法对竞争强度进行因素分析,对竞争强度问卷的信度和效度进行验证。具体分析结果如表 10-1 所示。

因素分析结果显示,KMO 值为 0.84,表 10-1 中的因素负荷值大于 0.70,竞争强度量表测量信度为 0.72,大于 0.70,具有较高的测量信度,因素解释了 62.37% 的变异。因素分析结果表明,竞争强度的 3 个测量项目可以转化成一个因素,可以用作回归等实证分析。

表 10-1 竞争强度因素分析(N＝132)

测量项目		因 素
因素:竞争强度	a 系数＝0.72	
①贵公司所在行业对新企业生存和发展没有重大威胁		0.78
②贵公司所在行业有众多的投机机会和市场机会		0.75
③贵公司所在行业没有具有垄断势力的大企业		0.71
各因素解释变异的百分比(%)		62.37

注:本次调查共发放问卷 210 份,回收 132 份。

10.4.2 竞争强度的调节效应分析

本研究把企业家社会网络划分为情感型网络、商业型网络和支持型网络 3 种类型,采用层次回归方法重点探索竞争强度对情感型网络、商业型网络和支持型网络与企业成长绩效之间关系的调节效应。回归分析结果如表 10-2、表 10-3、表 10-

4所示。

表 10-2　竞争强度和情感型网络对企业成长绩效的交互影响验证

	成长绩效 B
情感型网络	0.106**
竞争强度	−0.107**
竞争强度×情感型网络	−0.087*
校正 R^2	0.36

注：* p<0.1, ** p<0.05, *** p<0.01。

表 10-3　竞争强度和商业型网络对企业成长绩效的交互影响验证

	成长绩效 B
商业型网络	0.415***
竞争强度	−0.106**
竞争强度×商业型网络	−0.045*
校正 R^2	0.42

注：* p<0.1, ** p<0.05, *** p<0.01。

表 10-4　竞争强度和支持型网络对企业成长绩效的交互影响验证

	成长绩效 B
支持型网络	0.169**
竞争强度	−0.104**
竞争强度×支持型网络	−0.097*
校正 R^2	0.37

注：* p<0.1, ** p<0.05, *** p<0.01。

　　表 10-2、表 10-3 和表 10-4 的分析验证结果显示,竞争强度分别在情感型网络、商业型网络和支持型网络对农业企业的成长绩效的影响中具有显著的交互影响。这说明,无论是企业家的情感型网络,还是企业家商业型网络和支持型网络,

竞争强度越大,其对农业企业的成长绩效的影响程度将减小,换言之,在高竞争强度环境下,情感型网络、商业型网络和支持型网络对农业创业成长绩效的影响将减小。本研究的研究假设 1a、假设 1b 和假设 1c 得到验证。

10.4.3　企业成长阶段的缓冲效应分析

同上所述,对于缓冲效应分析,重点研究企业发展阶段(创业阶段、成长阶段)在企业家社会网络(情感型网络、商业型网络、支持型网络)对农业企业的成长绩效的影响所起的缓冲作用,其中,企业成长阶段分为创业初期(3 年以下)和成长阶段(3 年及以上)。回归分析结果如表 10-5、表 10-6、表 10-7 所示。

表 10-5　企业成长阶段和情感型网络对企业成长绩效的交互影响验证

	成长绩效 B
情感型网络	0.102**
企业成长阶段	0.087*
企业成长阶段×情感型网络	−0.093*
校正 R^2	0.06

注: * p<0.1, ** p<0.05, *** p<0.01;创业初期阶段赋值为 0,成长阶段赋值为 1。

表 10-6　企业成长阶段和商业型网络对企业成长绩效的交互影响验证

	成长绩效 B
商业型网络	0.361***
企业成长阶段	0.092*
企业成长阶段×商业型网络	0.13***
校正 R^2	0.22

注: * p<0.1, ** p<0.05, *** p<0.01;创业初期阶段赋值为 0,成长阶段赋值为 1。

表 10-7　企业成长阶段和支持型网络对企业成长绩效的交互影响验证

	成长绩效 B
支持型网络	0.165***
企业成长阶段	0.102*
企业成长阶段×支持型网络	0.036*
校正 R^2	0.19

注：* $p<0.1$，** $p<0.05$，*** $p<0.01$；创业初期阶段赋值为 0，成长阶段赋值为 1。

表 10-5、表 10-6 和表 10-7 的回归分析结果显示，企业成长阶段在企业家社会网络(情感型网络、商业型网络和支持型网络)对农业企业的成长绩效的影响中具有显著的交互作用。在创业初期，企业家情感型社会网络对农业企业的成长绩效有着更大的影响，而在创业成长阶段，情感型网络对企业成长绩效的影响将逐渐减小。相对于创业初期，在创业成长阶段，企业家商业型网络、支持型网络对农业企业的成长绩效有着更大的正向影响。一旦企业进入快速成长阶段，创业绩效更多的来源于商业型网络，情感型网络的作用将有所减小。在创业和成长阶段中，支持型网络对创业绩效发挥了一定的积极作用，在农业企业创建之初，支持型网络对农业企业生存绩效具有正向影响；当农业企业由创业初期进入创业成长阶段，支持型网络将有利于推动企业成长。因而本研究假设 2a、假设 2b 和假设 2c 得到验证。

10.5　结果讨论

本章重点探讨了竞争强度和企业成长阶段两个变量在企业家社会网络类型对中小农业企业的成长绩效影响中的交互影响(即缓冲作用)，利用多元回归分析，进一步验证了它们之间存在的这种变量调节关系。总结本章节所提出的假设验证，其相关研究假设的检验结果如表 10-8 所示。

表 10-8　假设检验总结

主要假设	假 设 内 容	结果
H1	竞争强度与企业家社会网络对农业企业成长绩效有交互作用	支持
H1a	竞争强度与情感型网络对农业企业成长绩效有交互作用	支持
H1b	竞争强度与商业型网络对农业企业成长绩效有交互作用	支持
H1c	竞争强度与支持型网络对农业企业成长绩效有交互作用	支持
H2	企业成长阶段与企业家社会网络对农业企业成长绩效有交互作用	支持
H2a	企业成长阶段与情感型网络对农业企业成长绩效有交互作用	支持
H2b	企业成长阶段与商业型网络对农业企业成长绩效有交互作用	支持
H2c	企业成长阶段与支持型网络对农业企业成长绩效有交互作用	支持

实证结果表明,竞争强度的高低与企业家社会网络对中小农业企业的成长绩效有显著的交互作用。首先,当竞争强度大时,企业家的情感型社会网络对农业企业成长绩效的影响较小;反之,当竞争强度小时,企业家的情感型社会网络对农业企业成长绩效的作用较大。这说明,当企业所在行业的市场竞争环境变得严峻时,作为企业的领导者,就应该不断地发掘自己已有的关系资源,用于帮助企业的成长。例如,市场竞争激烈导致的一个结果就是,企业获取订单或客户资源不断减少,企业盈利能力下降,企业的生存和扩大生产的能力受到束缚,企业的成长遭受制约。在这种环境条件下,企业领导或企业家拥有良好的人际关系,将有利于稳定和不断拓展新的营销客户和渠道,情感型网络对企业的成长绩效就越发凸显其重要影响力。其次,当竞争强度增大时,商业型网络对于农业企业的成长绩效的正向影响将减小;反之,当竞争强度较小时,企业家的商业网络对农业企业的成长绩效的正向影响将增强。这表明,农业企业家需要与相关的商业合作伙伴加强协作,构建利益共享的合作关系网络,从而提高农业企业的市场占有率、销售额以及盈利能力,不断提高农业企业成长绩效,促进企业成长。再次,当竞争强度较大时,支持型网络对农业企业创业成长绩效影响的强度将减弱;反之,当竞争强度较小时,支持

型网络对农业企业创业成长绩效的影响将增强。最后,由于本书研究的是中小农业企业,选取的样本为中小农业企业,尽管这些企业获得政府等相关部门的支持相对较小,但是,支持型网络在这些企业成长中仍然发挥了显著作用,对企业成长绩效产生了显著影响。在众多中小农业企业中,这样一类科技型农业企业是客观存在的,它们通过购买高校、科研院所的科技知识产权,将技术转化商业成果,获得创业成功。而这类型的企业创业者,由于拥有丰富经历和人脉关系,能够获得良好的支持型网络支持,从而在激烈竞争环境中,创造出较高的企业绩效,促进企业成长。

实证结果显示,农业企业所处的创业阶段在企业家社会网络对中小农业企业的成长绩效影响中具有显著的交互作用。企业家情感型网络对创业初期中小农业企业的成长绩效的影响要显著大于对成长期农业企业成长绩效的影响。这表明,不同类型的企业家社会网络关系在中小农业企业的不同发展阶段起到不同的作用,农业企业家应该根据创业的不同阶段,利用和整合不同的社会网络资源,实现企业的成长。

首先,创业初期的农业企业面临的较为严重的问题往往是市场销路的不稳定、资金融通及各种信息等一些重要资源获取的困难。此时,以情感和信任为基础的企业家的人际关系网络将是解决上述问题的关键因素。另外,由于其成立时间短、生产规模小、技术及资金实力等各方面条件薄弱,中小农业企业的市场拓展能力小;而且中小企业的商业网络往往还在构建中,尚不能为企业提供帮助,这使企业家不得不利用情感型网络,去获取企业所需的市场订单、资金借贷及各种优质客户。在企业创建之初,这种情感型网络带来的关键资源能使企业存活下来,度过生存危机,为企业后续的成长奠定基础。

其次,中小农业企业在度过创业生存期之后,步入企业的成长期。此时,由于企业已初步积累了一定实力,稳定了市场销路,因此必须通过追加投入、改善管理来扩大企业规模,提高盈利能力,实施商业模式的创新。但是,这一阶段的企业进一步发展面临的障碍是技术创新、销路扩张的瓶颈,单纯靠企业家情感型网络是难以解决这些瓶颈和障碍的。因此,在创业成长阶段,中小农业企业必须积极寻求商业合作,大力构建商业型网络和支持型网络,通过发展商业型网络和支持型网络,不断拓展企业业务,实行技术等各种创新,促进销售业绩的增长,提高企业绩效,促进企业成长。此时,商业型网络和支持型网络对提高农业企业的成长绩效具有极其重要的作用。

总之,在中小农业企业在创业阶段向成长阶段过渡的过程中,企业家的各种社会网络对不同阶段的创业成长绩效发挥了不同作用。情感型网络在企业创建阶段对农业企业的成长绩效起着极其重要的作用,而商业型网络和支持型网络在中小农业企业创建与成长阶段扮演着更加重要的角色。农业企业创业者应根据不同企业阶段的网络需求特点,可有针对性构建发展相应的社会网络,通过制定合适的企业战略,为企业的成长提供支持。

11 结论与对策建议

11.1 主要结论

本研究通过理论分析,采用上市公司公开财务数据,运用 C-D 函数和 DEA 模型,实证分析财政支持农业关联企业的政策绩效,并在此基础上分析了影响财政支持农业关联企业政策绩效的主要影响因素。然后,运用农户调查数据,基于社会网络视角,实证分析农业创业者或农业企业家社会网络对农业企业创业成长绩效的影响及其作用机理,主要得到以下结论。

(1)农业关联企业的资产和劳动力是影响企业绩效的最主要因素。无论是农业还是涉农制造业或者物流等其他产业,除了个别年份之外,财政支持对农业关联企业的当年营业收入具有正向影响趋势,但影响不显著。可能的原因在于,财政支持有部分最终形成企业固定资产,并通过固定资产提高企业的营业收入,另外,宏观经济持续下行,实体经济效益降低,也是影响财政支持政策绩效的重要原因。

(2)财政扶持政策在一定程度上对农产品加工、食品制造等其他农业关联企业绩效起到了提升作用。但这种提升作用更多地表现为滞后效应,并且,滞后效应呈现出逐年递减趋势。财政支持政策绩效具有滞后效应,但从长期看,这种扶持政策缺乏持续效应,这些企业的成长关键在于企业自身的能力提升,尤其是产品竞争力和企业家管理能力的提升。

(3)实证结果显示,在三大产业中,物流业、仓储业等第三产业企业的综合效率明显高于农产品加工和食品制造等第二产业企业,农业企业的综合效率最低。其原因在于,与工业和第三产业企业比较,农业企业要素投入的整体效率要远低于物流、仓储、加工制造以及餐饮等企业的综合效率。另外,根据配第·克拉克有关产业结构演变理论,随着国民经济不断成长,农业在国民经济所占比重不断下降,第二产业和第三产业的比重则不断上升。因此,物流、仓储和餐饮等第三产业企业以及食品制造、农产品加工等第二产业企业的综合效率将不断提高。伴随三次产业结构的不断高级化,农业企业的要素投入产出率也将继续低于工业、物流、仓储、餐饮、食品制造和农产品加工企业等农业关联企业。从时间序列发展看,近5年来,林业企业、食品制造企业和餐饮企业的综合效率不断提高,其中林业企业综合效率提高幅度较大,农业、畜牧业、渔业企业和物流企业的综合效率在波动中呈现出下降趋势,其中畜牧业企业下降趋势明显,物流业企业综合效率呈现下降趋势。

(4)实证结果显示,物流企业、仓储企业、食品制造、农产品加工和餐饮业等农业关联企业具有较高的技术效率,而农业企业技术效率相对偏低。这表明,第三产业和第二产业中的农业关联企业技术效率明显高于农业企业技术效率,这是三次产业特征及其变化规律的必然结果,这同时也表明,农业企业以及制造业和加工业等其他农业关联企业的技术效率还有待进一步提高,技术效率是影响企业综合效率的重要因素。另外,从时间序列发展来看,物流企业在波动中表现出较高的技术效率。而林业企业的技术效率有了大幅提高,呈现持续上升的态势,农业企业的技术效率也在波动中有所提高。农产品加工企业、食品制造企业和餐饮企业的技术效率在波动中呈现提升趋势,而畜牧业企业技术效率则表现出下降趋势。

(5)实证结果表明,除物流企业规模效率接近1外,食品制造企业、农产品加工企业、物流企业等二、三次产业企业的规模效率均在0.8上下波动,农业类企业规模效率在 0.7 左右波动。这表明农业企业规模效率普遍低于农业产业链上其他农业关联企业,农业企业规模经济现象不是很明显,规模效率还没达到理想状态。从时间序列看,林业企业规模效率呈现大幅上升趋势,农业企业的规模效率呈现下降趋势。

(6)实证结果表明,自2011年以来,除物流企业之外,财政支持企业的政策效率在波动中有了较大提高。但财政扶持效率超过50%的行业和年度较少,说明财政扶持的杠杆效率没有得到充分发挥。从横向看,农产品加工、食品制造、物流和餐饮企业等二、三次产业企业的财政支持效率要普遍高于农业企业。这表明农业企业的财政支持效率有待进一步提升,而其他财政支持效率未达到 DEA 有效的非农企业有进一步提升的空间。另外,5年来物流企业的财政支持政策效率呈现持续下降趋势。

(7)影响财政支持企业政策绩效的因素众多,主要表现为财政政策目标、财政支持方式、财政资金管理、产业特征、企业技术效率和规模效率以及企业家才能等因素。①明确的财政目标是财政支持企业获得政策绩效的基础,财政支持只有聚焦财力,选择好财政支持重点,瞄准企业存在的关键问题,才能有针对性地对企业实施财政重点支持。另外,财政应重点支持有利于提高企业能力和竞争力的项目。②财政支持方式是影响财政支持企业政策绩效的重要因素,不同财政支持方式给企业绩效带来不同的影响,其中,对企业固定资产更新改造、技术进步和创新等财政支持将有利于提高企业核心能力和产品市场竞争力,促进企业绩效的提升。而财政补贴和税收减免虽然在短期内对提升企业绩效有一定的正向影响,但并不明显。然而,从长期看,财政补贴、税收减免等财政补贴政策容易导致企业对补贴收入产生寻租行为,忽略提高企业能力,抑制企业进取心,不利于企业经营绩效和竞争力的提高。③政府采购是财政支持企业发展的重要政策工具。一般而言,由于中小企业处在资本边际报酬递增阶段,而大型企业资本边际收益往往处在递减阶段,中小企业资本的边际收益要高于大型企业的资本边际收益,因此,财政加大对中小企业的政府采购将有利于提高财政支持政策绩效。

(8)产业特性是影响财政支持企业政策绩效的重要因素。农业企业的弱质性和投资回报率偏低是财政支持农业企业支持政策绩效偏低的重要原因。财政支持农产品加工、食品制造等第二、三次产业企业具有较高的支持政策绩效。另外,对于信息、新能源、新材料、生物科技等战略性新兴产业,这些产业代表了产业、科技的未来发展方向,国家财政应加大对这些行业中的企业支持力度,有力地促进产业的成长,引领产业发展的未来。

(9)财政支持企业政策绩效还与企业的技术效率和规模效率密切相关。当企业具备较高的技术效率时,财政政策将获得高绩效;企业的规模效率也会影响财政政策绩效,当企业处在规模效率递增阶段,增加财政投入会取得更多的政策绩效。财政支持企业政策应该考虑到企业的技术效率和规模效率,政府应该优化财政支持企业结构,加大对效率高的中小企业的财政扶持力度,以提高财政支持企业政策效率。

(10)农业企业家社会网络是一个多维结构。访谈和大样本问卷调查的结果显示,农业企业家社会网络是由基于亲戚朋友关系的情感型网络,基于供应商、客户等具有利益关系的商业型网络以及由政府、金融机构、农业科研院所等成员构成的支持型网络构成的。这3种社会网络在农业企业创建和成长过程中发挥了不同的功能,都有着极其重要的作用。实证分析发现,对不同类型的农业企业而言,其社会网络的内容结构具有一致性。

(11)农业企业家社会网络具有个体差异。方差分析结果显示,不同成立年限的企业在情感型网络、商业型网络、支持型网络这3个维度上的社会网络水平上都表现出显著性差异。企业成立年限在3年以内的农业企业在情感型网络、商业型网络和支持型网络3个维度上,情感型网络测量平均值要显著高于成立年限在3

年及以上的企业。而成立年限在 3 年及以上的农业企业,其商业型网络往往具有较高的平均值。由此可以看出,农业企业由创建到成长,情感型网络、商业型网络和支持型网络具有不同的分布特征,在企业创建初期,情感型网络发挥了重要作用;当企业处在成长期时,商业型网络的重要性日趋凸显,而情感型网络的作用不断下降,支持型网络对农业创业成长具有显著的正向影响。另外,农业企业家社会网络在不同年龄的创业者之间存在一定差异性,年长创业者具有更丰富的社会网络资源。实证结果显示,农业创业者的支持型网络在创业不同成长阶段上呈现出显著性差异,其原因在于中小农业企业规模比较小,获取政府等相关部门的支持相对较少,而成长中规模较大的农业企业更容易获取政府、金融部门等网络成员的支持。

(12)农业企业家社会网络中的情感型网络、商业型网络和支持型网络对中小农业企业创业成长绩效具有显著的正向影响。其中,商业型网络是影响中小农业企业成长绩效的最主要因素,支持型网络在中小农业企业成长过程中发挥了重要的推动作用。而情感型网络在农业企业创建和初步成长过程中具有显著的正向影响。

(13)情感型网络、商业型网络、支持型网络对市场导向和创新导向有不同影响。一方面,商业型网络是影响市场导向的主要因素,在中小农业企业成长过程中,商业型社会网络对于促进企业成长具有关键作用。情感型网络可以通过亲戚朋友为农业企业提供信息、资金和市场销售等资源,从而影响农业企业市场导向战略的制定和战略绩效。而支持型网络可以为农业企业提供资金、信息、技术和销售渠道等资源,进而影响创业者制定竞争战略。另一方面,农业企业家社会网络中的商业型网络和支持型网络对创新导向战略具有显著的影响。商业型网络为创新导向战略制定提供信息支持和市场需求,为创新战略的实施提供支持。如果没有商业型社会网络的支持,创新导向战略将会脱离市场需求,失去创新目标,创新绩效最终也难以实现。支持型网络为创新导向战略提供了技术支持和物质基础,没有农业科研院所对农业技术的研发,就没有农业技术的进步,农业企业也将难以实施创新导向战略。而情感型网络对创新导向战略没有显著影响。

(14)战略导向对中小农业企业创业成长绩效具有显著影响。其中,市场导向战略是影响中小农业企业创业成长绩效的最主要因素。众所周知,农产品市场是个近乎完全竞争的市场,消费者对价格比较敏感,农产品市场竞争激烈,如何开拓市场、拓宽市场销售渠道是农业企业成长的最关键因素。因此,市场导向战略是提高农产品市场占有率,促进农业企业绩效提高的最重要手段。创新导向战略是影响中小农业企业创业成长绩效的另一重要因素。农产品创新难度大、风险高,创新缓慢,创新成果容易被复制,并且,由于信息不对称,农产品创新成果难以差异化,消费者难以辨别产品质量,因此,农产品创新价值难以实现,创新导向战略绩效偏低,在短期内难以提高企业成长绩效。

(15)战略导向是影响社会网络与中小农业企业成长绩效关系的中介变量。其中,市场导向战略分别在情感型网络、商业型网络、支持型网络对中小农业企业成长绩效的影响中起中介作用,而创新导向战略则在商业型网络和支持型网络对中小农业企业创业成长绩效的影响中起中介作用。

(16)竞争强度与企业成长阶段在农业企业家社会网络中对中小农业企业成长绩效的影响起着调节作用。竞争强度在企业家社会网络中对中小农业企业的成长绩效的影响具有显著的交互作用。首先,当竞争强度较大时,企业家的情感型社会网络对农业企业的成长绩效的影响将减弱;反之,当竞争强度小时,企业家的情感型社会网络对农业企业的成长绩效的影响将增强。其次,当竞争强度增大时,商业型网络、支持型网络对农业企业的成长绩效的影响将减弱;反之,当竞争强度较小时,企业家的商业网络和支持型网络对农业企业的成长绩效影响将增强。

(17)农业企业所处的成长阶段在企业家社会网络对中小农业企业的成长绩效

影响中具有显著的交互作用。企业家情感型网络对创业初期中小农业企业的成长绩效的影响要显著大于其对成长期农业企业成长绩效的影响。而农业企业在其成长期间,商业型网络和支持型网络比情感型网络对企业成长绩效的作用更大。这表明,不同类型的企业家社会网络关系在中小农业企业的不同成长阶段发挥着不同的作用。情感型网络在企业创建阶段对农业企业的成长绩效起着极其重要的作用,而商业型网络在中小农业的成长阶段扮演着不可替代的角色,支持型网络在企业成长之初对于提高企业生存绩效具有一定的作用,在农业企业成长阶段,对推动企业成长具有重要影响。农业企业创业者应根据不同创业阶段的网络特征,有针对性地构建相应的社会网络,制定合适的企业战略促进企业成长。

11.2 对策建议

(1)明确财政支持政策目标,确定重点支持对象。财政支持企业以国家产业政策为导向,必须有利于促进资源的优化配置。政府应该根据国家产业政策,明确财政支持政策目标,确定重点支持对象。当前,财政支持农业企业的目标是促进农业规模化经营,推动农业产业化发展,提高农业企业科技创新能力,提升农业企业竞争力,促进现代农业发展。财政支持重点企业是具有一定经营规模、较高的经营绩效和带动农户的能力以及具有较强科技创新能力的农业产业化龙头企业。

(2)优化财政支持企业结构。财政支持应有利于提升企业绩效。因此,政府应根据企业绩效状况确定财政支持对象。财政应加大对绩效较高的中小型农业产业化龙头企业和科技型农业企业的支持,支持培养成长中的新型农业市场主体,发展家庭农场。对于企业绩效和财政资金投入效率偏低的农业企业,财政应减少支持力度。

(3)优化财政支持方式。对于成长型中小农业产业化龙头企业,应根据企业经营绩效,适度加大财政补贴、税收减免以及项目支持力度。对于国家级重点农业产业化龙头企业,财政支持重点是企业的固定资产更新改造、技术进步和科技创新项目,以提高企业能力和企业核心竞争力为目标。同时,加大对有机、绿色和无公害等优质农产品生产的财政支持,推动现代农业发展。

(4)建立财政对农业企业的投入机制,完善财政资金管理体制。我国经济已经进入了以工补农的发展阶段,因此,财政对农业企业的投入增长应高于财政对其他类型企业投入的增长。完善财政资金管理体制,当前我国财政对农业企业的扶持资金管理分散在发改委、农业、科技等部门,因此,政府应该考虑建立财政支持资金管理协调机制,使各级财政资金管理部门"互联互通",避免企业多头申报相同项目,提高财政支持政策绩效。同时,加强财政支持项目的统一领导和分级管理,在确保上级(中央、省级)对财政项目的统一领导与监督基础上,明确地方政府对项目资金运营的相关责任与管理权限,杜绝财政专项支持资金挪用和改变资金用途等各种寻租行为。

(5)建立财政支持政策绩效评估体系。为提高财政支持企业的政策绩效,政府应建立财政支持农业企业的政策绩效评估体系,对财政政策绩效进行科学评估。财政支持政策绩效不仅应考虑企业经济效益,而且还要考虑社会效益和生态效益。定期对财政支持农业企业绩效进行评估,根据企业绩效状况,确定未来财政支持对象企业、支持方式和支持力度。加大对经营效率高的农业企业的支持力度,减少对财政政策绩效低的企业的支持,对于擅自挪用和改变财政资金用途的企业,应建立相应的惩罚机制,甚至取消其财政支持资格。

(6)构建社会网络,促进中小农业企业成长。创业资源是创业者在创业过程中遇到的最大瓶颈。对于农业企业创业者而言,要创建农业企业,推动农业企业成长,企业家必须提高网络能力,构建创业网络。在创业之初,应大力开发情感型网络,充分利用亲戚、朋友等各种社会关系,从中获取创业所需的信息、资金和客户等各种资源,同时积极构建商业型网络和支持型网络,开发市场,争取政府、银行和农业技术推广等部门的支持,提高创业企业的生存绩效,推动企业进一步成长。当企业处在创业成长阶段时,创业者应该大力开发商业型网络,不断拓展产品销售渠道,扩大市场占有率,提高经营业绩,促进企业不断成长。与此同时,创业者还应该继续维护好情感型网络,利用情感型网络获取企业成长所需资源。

另外,在农业企业成长过程中,发展支持型网络,获取政府、金融机构、农业科研院所等部门的支持,从中获取创业所需资源,也有利于提高创业成功率,推动创业成长的一个重要因素。尽管中小农业企业从支持型网络获得的资源数量不多,获取资源的难度很大,农业企业的成长最终也取决于企业竞争力和效率提升,但是,这些支持型网络在农业企业创业过程中特别是在土地、技术、信息和销售渠道等的资源获取中,将发挥重要的作用。

(7)做好战略与社会网络的匹配,促进战略绩效的提高。本研究结果显示,情感型网络、商业型网络和支持型网络对市场导向战略具有显著正向影响,因此执行市场导向战略的农业企业,应该大力拓展创业网络,提高市场导向战略绩效。商业型网络和支持型网络对创新导向战略具有显著正向影响,虽然市场导向战略对农业企业创业成长具有极其重要的促进作用,而创新战略将使农业企业面临技术风险和市场风险,但是,在激烈的农产品市场竞争中,农业企业要赢得市场竞争,归根结底取决于企业创新,尤其是技术创新、产品创新和商业模式创新,目前虽没有验证支持型网络对农业企业成长绩效的影响,但支持型网络对创新具有促进作用。农业企业实施创新导向战略,必须大力开发商业型网络和支持型网络,从而获得市场、技术等创新资源,以提高企业战略绩效,促进企业成长。

(8)做好战略与环境的匹配,促进农业成长绩效的提高。实证研究表明,战略与竞争强度以及农业企业发展阶段的匹配有利于中小农业企业成长绩效的提高。当农业企业面临竞争强度大的环境,农业企业家应加强情感型网络和商业型网络的开发,密切与上述社会网络之间的联系,提升农业企业的战略能力,促进企业成长。在农业企业创建之初,农业企业家应大力开发情感型网络,加强与亲戚朋友之间的联系与感情,最大可能地获得情感型网络的支持,同时开发市场,获取客户资源,构建商业型社会网络,并积极寻求政府、银行等相关部门的支持,以提高创业生存绩效;当企业处在成长阶段,应该大力开发商业型网络和支持型网络,不断拓展市场空间、销售渠道,获得资金、信息和技术支持,促进企业销售增长,提高农产品市场占有率,促进企业不断成长。

(9)制定合适的经营战略,提升企业战略绩效。在促进农业成长过程中,农业企业家应该根据外部环境和企业资源条件,制定合适的经营战略。由于农产品市场是个近乎完全竞争市场,实行市场导向战略对于提高农业企业绩效、促进农业企业成长具有极其重要的作用。农业企业家应该根据市场需求状况,生产适销对路的农产品,最大可能地满足消费者的需求。农产品创新难度大,创新缓慢,创新成果容易被复制,创新成果在市场中难以为消费者所辨别,创新绩效相对偏低。然而,从长远来看,随着人们收入水平的不断增长,人们愈加关注食品安全问题,对生态农产品、绿色农产品、有机农产品以及无公害农产品的需求不断增加,具有广阔的市场发展前景。因此,实施创新导向战略对于提高企业绩效、促进农业企业成长具有重要的实践意义。另外,农业企业实施创新战略,不仅包括技术创新和产品创新,还包括商业模式的创新,其中,商业模式的创新往往是农业企业赢得市场竞争的关键,因为企业之间的竞争往往是商业模式的竞争,商业模式决定企业的市场竞争力,决定企业绩效。因此,农业企业在实施创新战略时,可以通过创新商业模式提高企业绩效,实现企业成长。

参考文献

[1] 余绍忠.创业资源、创业战略与创业绩效关系研究[D].杭州:浙江大学,2012.

[2] 牛冬梅,刘庆岩.西部资源开发与私营企业成长的关系研究[J].当代经济科学,2011,33(6):96—102,125—126.

[3] 胡文静.我国中小企业成长动态分析——基于创业资源获取与整合视角[J].现代商贸工业,2011(7):5—6.

[4] 陈业华,陈倩倩.基于结构方程的中小科技企业成长机制研究[J].科学学与科学技术管理,2010(4):156—161.

[5] 王怀明,史晓明.农业上市公司治理效率及对企业业绩的影响[J].农业技术经济,2011(5):64—70.

[6] 许忠,李明星,张同建.我国农业上市企业公司治理绩效的实证[J].统计与决策,2011(8):183—185.

[7] 易忠梅,彭华涛.创业企业社会网络演化分阶段特征比较研究[J].科技进步与对策,2013(6):83—86.

[8] 蔡莉,朱秀,梅刘预.创业导向对新企业资源获取的影响研究[J].科学学研究,2011,29(4):601—609.

[9] 杨杜.企业成长论[M].北京:中国人民大学出版社,1995.

[10] 李道和,池泽新.政策支持与农业龙头企业绩效关系研究——以江西省为

例[J].农业技术经济,2011,(12):4—10.

[11] 项国鹏,项乐毅.环境动态性、创业者战略能力与企业绩效[J].商业研究,2013,55(5):52—59.

[12] 薛红志.创业导向、战略模式与组织绩效关系研究[J].经济理论与经济管理,2006(3):71—75.

[13] 许彪,卢凤君,傅泽田,等.农业类上市公司经营绩效评价[J].农业技术经济,2000(6):36—39.

[14] 李雪阳,白雪.基于 DEA 模型的农业上市公司经营绩效分析[J].经济师,2008,227(1):125—126.

[15] 沈艳丽.农业上市公司经营绩效的分析[J].中国集体经济,2009,(13):74—75.

[16] 杨印生,张充.基于 DEA-Benchmarking 模型的农业上市公司投资绩效分析[J].农业技术经济,2009(6):91—95.

[17] 杨智,俞沈峰,向兵,等.战略导向对企业绩效的影响:以创新为中介变量[J].科学学与科学技术管理,2009(7):156—163.

[18] 林嵩,姜彦福.创业网络推进创业成长的机制研究[J].中国工业经济,2009(8):109—118.

[19] 何定明.龙头企业加力科技创新[N].农民日报,2012—01—17(8).

[20] 江西省农业产业化办公室.省级以上农业龙头企业经营情况报表(2006—2012 年)[R].2013.

[21] 李乾文,赵曙明,蒋春燕.社会网络、公司创业与企业绩效关系研究[J].财贸研究,2012,23(3):99—104.

[22] 郑晓博,朱振坤,雷家骕.社会网络与战略匹配及其对企业绩效影响的实证研究[J].科学学与科学技术管理,2011,32(1):133—140.

[23] 张凯,崔新健.社会网络影响商业银行绩效的机制模型研究[J].金融论坛,2012(6):26—32.

[24] 韦雪艳,王重鸣,段锦云.民营企业二元社会网络模式及演化特征研究[J].重庆大学学报(社会科学版),2010,16(2):52—59.

[25] 王庆喜,宝贡敏.社会网络、资源获取与小企业成长[J].管理工程学报,2007,21(4):57—61.

[26] 朱晓霞.创业者网络与小企业成长关系研究[D].上海:同济大学,2008.

[27] 顾琴轩,王莉红.人力资本与社会资本对创新行为的影响——基于科研人员个体的实证研究[J].科学学研究,2009,27(10):1564—1570.

[28] 杨璇.创业者人力资本与创业网络对新创企业绩效的影响研究——以浙江省为例[D].杭州:浙江理工大学,2011.

[29] 范黎波,马聪聪,马晓婕.多元化、政府补贴与企业绩效[J].农业经济问题,2012(11):83—90.

[30] 石秀印.中国创业者成功的社会网络基础[J].管理世界,1998(6):187—196.

[31] 朱秀梅,费宇鹏.关系特征、资源获取与初创企业绩效关系实证研究[J].南开管理评论,2010,13(3):125—135.

[32] 朱秀梅,于晓宇,杨隽萍.国外创业网络理论演进及未来研究进展[J].现代管理科学,2011(2):103—105.

[33] 陈良兴.社会网络、社会资本与创业绩效关系研究[D].杭州:浙江大学,2011.

[34] 林万龙,张莉琴.农业产业化龙头企业政府财税补贴政策效率:基于农业上市公司的案例研究[J].中国农村经济,2004(10):33—40.

[35] 沈艳丽.农业上市公司经营绩效的分析[J].中国集体经济,2009(5):2—4.

[36] 郭建宇,牛青山.农业产业化扶持政策效果分析[J].经济问题,2009(10):79—82.

[37] 肖念涛,谢赤.我国中小企业发展的财政支持政策研究:一个文献综述[J].湖南社会科学,2013(4):143—146.

[38] 陈启杰,江若尘,曹光明."市场—政策"双重导向对农业企业的影响机制研究:以泛长三角地区农业龙头企业为例[J].南开管理评论,2010(5):123—130.

[39] 沈晓明,谭再刚,伍朝晖.补贴政策对农业上市公司的影响与调整[J].中国农村经济,2002(6):20—23.

[40] 喻湘.地方新型工业化企业的财政支持研究[D].湘潭:湘潭大学,2011.

[41] 刘锡田.非农企业对农业的投资行为及其政策引导[J].山东经济,2005(1):3.

[42] 李吉安.新时期加大扶持农业产业化龙头企业的思考[J].宏观经济,2006(7):60-61.

[43] 程云.促进辽宁省新型工业化发展的财政支持政策研究[J].企业导报,2012(22):130—131.

[44] 张万强.提升中国装备制造业市场竞争力的财政政策研究[D].沈阳:辽宁大学,2013.

[45] 戴鹏.我国产业调整和发展的财税政策研究[D].成都:西南财经大学,2012.

[46] 邓菁.战略性新兴产业发展的财政逻辑[D].大连:东北财经大学,2014.

[47] 任富刚.中小企业创业基地财政资金支持政策现状问题及政策建议[J].理论探讨,2013(12):40—42.

[48] 罗仲伟,黄阳华.中小企业扶持政策效应初探[J].观察思考,2010(11):8—14.

[49] 孙顺根,许必芳,马艺珈.中小企业政策发展与中小企业成长的相关性研究:以浙江省为例[J].科技进步与对策,2010(7):95—100.

[50] 胡兴旺.创新支持中小企业发展的财政政策研究[J].财政研究,2011(4):34—37.

[51] 董为民.促进科技创新的财政投入模式分析[J].理论与实践,2010(9):1—2.

[52] 杨林,彭彦彦.促进中小企业发展的财政政策选择[J].工业技术经济,2010(11):26—30.

[53] 于国安.地方财政管理模式转型创新路径分析——关于山东财政管理改革的研究与思考[J].经济研究,2013(10):81—88.

[54] 杨燕英,蒲秀娟.发挥政府采购政策效应促进中小企业发展[J].中央财经大学学报,2006(6):14—18.

[55] 王德高,李剑波.构建促进中小企业发展的财税政策体系[J].制度建设与政策研究,2004(6):39—41.

[56] 肖念涛,谢赤.构建和完善中小企业财政支持政策体系[J].求索,2012(2):81—82.

[57] 龙小燕,魏英欣.科技型中小企业信贷政策评价及对策[J].理论与实证,2014(2):42—43.

[58] 董为民.探讨发展我国文化产业的财政政策[J].财政研究,2003(12):7—9.

[59] 张亮.我国节能与新能源行业的金融支持问题[J].开放导报,2009(4):17—20.

[60] 谷丽君.地方政府竞争性财政扶持资金绩效评价研究[D].湛江:广东海洋大学,2014.

[61] 卢小周.广东公共财政扶持民营经济发展研究[D].广州:暨南大学,2011.

[62] 穆建军,何伦者,刘彦良.中小企业财税支持体系完善研究[J].上海经济研究,2007(4):97—100.

[63] 崔海云,施建军.开放式创新、政府扶持与农业龙头企业绩效的关系研究[J].

农业经济问题,2013(9):84—91.

[64] 范黎波,马聪聪,马晓婕. 多元化、政府补贴与农业企业绩效[J]. 农业经济问题,2012(11):83—90,112.

[65] 余明桂,田雅甫,潘红波. 政治联系、寻租与地方政府财政补贴有效性[J]. 经济研究,2010(3):65—77.

[66] 王侃. 基于资源获取的创业者特质、创业网络与网店经营绩效关系研究[D]. 长春:吉林大学,2011.

[67] 刘晓静. 战略导向与企业绩效关系的实证研究:动态能力的调节效应[D]. 杭州:浙江理工大学,2013.

[68] 李练军,曹小霞. 企业环境战略、环境绩效与成长绩效:文献综述与研究展望[J]. 特区经济,2016(7):165—167.

[69] 王红. 农业产业化龙头企业财政扶持政策绩效研究[D]. 长沙:湖南农业大学,2014.

[70] 李林杰,王玉静. 数据包络分析:不同经济类型企业的经济效率评价[J]. 河北大学成人教育学院学报,2007(4):107—109.

[71] 陈逢文,张玉利,蔡万象. 社会网络与创业型企业经营绩效关系研究——基于中国民营经济的证据[J]. 科技进步与对策,2015(6):99—103.

[72] 王伟,张善良,于吉萍. 关系网络构建行为有助于提升创业绩效吗?——来自227家新创企业的微观证据[J]. 经济与管理,2018(1):87—92.

[73] 刘克春. 农业企业与农户的社会网络对企业绩效的影响分析——基于产业化经营的中小农业企业调查[J]. 中国农村经济,2015(9),43—56.

[74] 封梅,刘克春. 社会网络对中小农业企业创业成长绩效的影响分析——来自江西省的调查数据[J]. 农林经济管理学报,2017(6),746—751.

[75] 白全民,张同义,李晓力. 研发投入、政府支持驱动农业企业绩效提升效应研

究[J]. 科学与管理,2018(1),38—43.

[76] 中国农村财经研究会课题组. 支持现代农业建设,推动农业发展方式转变的财政研究[J]. 当代农村财经,2017(1):2—20.

[77] GRANT R M. The resource-based theory of competitive advantage:implications for strategy formulation [J]. California management review, 1991, 33(3):114.

[78] POK H S,BAOBAO D. Resource acquisition and its behavior evolution[J]. NUS working paper,2009,05.

[79] ZHANG J,WONG P K,SOH P H. Social network ties,prior knowledge,and entrepreneurial resource acquisition [J]. NUS Enterpreneurship Center working paper,2005.

[80] GE B S,DONG B B. Network,resources acquisition and the performance of small and medium-sized enterprises:an empirical study in China [N]. International conference on AIE at Tsinghua University, 2008 (1): 262—267.

[81] EMMANUEL C D,OTELY M K. Accounting for management control[M]. London:Chapm and hall press,1990.

[82] JACK A N,TODD R Z. A knowledge-based theory of the firm:the problem-solving perspective[J]. Organization science,2004,15(6):617—632.

[83] COLLIS D J,MONTGOMERY C A. Competing on resources:strategy in 1990s[J]. Harvard business review,1995,73(4):118—128.

[84] CHIH H Y,JONG-RONG C,WEN-BIN C. Technology and export decision [J]. Small business economics,2004,22(5):349—364.

[85] LUCIO C,ALESSANDRA C. Do universities knowledge spillovers impact

on new firm's growth? Empirical evidence from UK [J]. International entrepreneur management journal,2008,4(4):453—465.

[86] BARNEY J B. Strategic factor markets:expectations, luck, and business strategy[J]. Management science,1986,32(10):1231—1241.

[87] BRUSH C G, GREENE P G, HART M M. From initial idea to unique advantage:the entrepreneurial challenge of constructing a resource base[J]. Academy of management executive,2001,15(1):64—80.

[88] SIRMON D G, HITT M A. Managing resources:linking unique resources, management and wealth creation in family firms [J]. Entrepreneurship theory and practice,2003,27(4):339—358.

[89] PAUL J A R, ROBERT J B. SME growth:the relationship with business advice and external collaboration [J]. Small business economics, 2000, 15(3):193—208.

[90] COVIN J G, SLEVIN D P. Content and performance of growth seeking strategies:a comparison of small firms in high and low technology industries [J]. Journal of business venturing,1990,5(6):391—412.

[91] WIKLUND J, SHEPHERD D. Entrepreneurial orientation and small business performance:a configurational approach[J]. Journal of business venturing,2005,20(5):71—91.

[92] YLI-RENKO H, AUTIO E. The network embeddedness of new technology-based firms: developing a systemic evolution model [J]. Small business economics,1998,11(3):253—267.

[93] SEMRAU T, WERNER A. The two sides of story:networking investments and new venturecreation[J]. Journal of small business management,2012,

50(1):159—180.

[94] VENKATRAMAN N, RAMAMUJAM V. Measurement of business economic performance:an examination of method convergence[J]. Journal of management,1987,8(1):7858—7864.

[95] VAN DE VEN A H, HUDSON R, SCHROEDER D M. Designing new business start-ups:entrepreneurial,organizational,and ecological considera-tions[J]. Journal of management,2009,10(1):87—108.

[96] CHANDLER G N,HANKS S H. Founder competenee,the environment and venture performance[J]. Entrepreneurship theory and practiee,1994,18(3): 77—90.

[97] ENSLEY M D,PEARCE C L,HMIELESKI K M. The moderating effect of environmental dynamism on therelationship between entrepreneur leadership behavior and new venture performance[J]. Journal of business venturing,2006,21(2):243—263.

[98] WALL T D, MICHIE J, PATTERSON M, et al. On the validity of subjective measures of Company performance[J]. Personnel psychology, 2010,57(1):95—118.

[99] GRANOVETTER M S. Economic action and social structure:the problem of embeddedness[J]. Ameriean journal of sociology,1985,91(3):481—510.

[100] ZHAO L, ARAM J D. Networking and growth of young technology-intensive ventures in China [J]. Journal of business venturing, 1995, 10(5):349—370.

[101] MITHELL J C. The concept and use of social network,in social network in urban situat ions[M]. Manchester:Manchester University Press,1969.

[102] HANSEN E. Entrepreneurial network and new organization growth[J]. Entrepreneurship:theory and practice,1995,19(4):7—19.

[103] BARTJARGAL B, LIU M. Entrepreneurs' assess to private equity in China:The role of social capital[J]. Organization science,2004,15(2):159—172.

[104] PENG M W. The resource—based view and international business[J]. Journal of management,2001,27(6):803—830.

[105] NAHAPIET J,GHOSHAL S. Social capital,intellectual capital,and the organization advantage[J]. Academy of management review,2000,23(2):119—157.

[106] MIKE P,YADONG L. Management ties and firm performance in a transition economy:the nature of a micro-macro link[J]. The academy of management journal,2000,43(3):486—501.

[107] HITE J M, HEESTERLY W S. The evolution of firm networks:from emergence to early growth of the firm[J]. Strategic management journal,2001,2(3):275—286.

[108] SMITE A D,LORHKE P. Entrepreneurial net work development:trusting in the process[J]. Journal of business research,2008,61(4):315—322.

[109] HERBERT T T. Strategy and multinational organization structure:an interorganizaitonal relationships perspective [J]. The academy of management review,1984,9(2):259—270.

[110] ANDREWS K R. The concept of corporate strategy [M]. Irwin:Homewood, IL,1971.

[111] PORT ER M E. Technology and competitive advantage[J]. Journal of

business strategy,1985,5(4):60—77.

[112] CHRISTIAN L,MICHAEL D. Firm networks: external relationships as sources for the growth and competitiveness of entrepreneurial firms[J]. Entrepreneurship & regional development,2003,(15):1—26.

[113] NELSON R R. Why do firms differ,and how does it matter? [J]. Strategic management journal,1991,12(52):61—74.

[114] VENKATRAMAN N. The concept of fit in strategy research: toward verbal and statistical correspondence[J]. Academy of management review, 1989,14(3):423—444.

[115] MONIGOMERY C A. Putting leadership back into strategy[J]. Harvard business review,2000,86(1):1—7.